ARBEITSMATERIALIEN

DEUTSCH

Grundkurs Rhetorik
Eine Hinführung zum freien Sprechen

von Stephan Gora

Ernst Klett Schulbuchverlag
Stuttgart Düsseldorf Berlin Leipzig

Was ist eigentlich „Rhetorik“?

Rhetorik wurde bereits in der Antike gelehrt, daher der griechische Ursprung des Wortes: „rhetoriké (téchne)“; der Begriff läßt sich mit *Redekunst* oder mit *Redetechnik* übersetzen.
Rhetorik bezeichnet einerseits die *Fähigkeit*, öffentlich zu sprechen. Wer es versteht, ein Referat informativ, verständlich und interessant zu gestalten, in einer Diskussion den eigenen Standpunkt überzeugend zu vertreten oder in einer Rede das Denken und Handeln der Zuhörer in seinem Sinne zu beeinflussen, der besitzt diese Fähigkeit.
Andererseits bezeichnet Rhetorik die theoretische *Wissenschaft*, die den geistesgeschichtlichen und politischen Hintergrund von Reden untersucht, sie ist somit besonders ein Mittel der Interpretation. Aus der Analyse gewinnt sie allerdings auch Regeln und Anregungen für die Ausarbeitung von Reden.
Ein Rhetorikkurs dagegen ist vor allem an der Praxis orientiert. Die Teilnehmerinnen und Teilnehmer erlernen oder entfalten Techniken, die für das öffentliche Sprechen nützlich sind: Sie verbessern Blickkontakt, Mimik, Gestik und Haltung sowie Stimme, Atmung und Artikulation, sie üben sich in verständlicher und überzeugender Argumentation, sie lernen, frei zu sprechen und ihre Redeangst zu bewältigen. In diesem dritten Sinne ist Rhetorik also *Anleitung und Hilfestellung* für das Sprechen vor anderen Menschen.

Gedruckt auf Recyclingpapier,
hergestellt aus 100% Altpapier.

1. Auflage 1 6 5 4 3 2 | 1996 95 94 93 92

Alle Drucke dieser Auflage können im Unterricht nebeneinander benutzt werden, sie sind untereinander unverändert. Die letzte Zahl bezeichnet das Jahr dieses Druckes.

Umschlag: Regine Mack
Satz: Steffen Hahn FotoSatzEtc., Kornwestheim
Druck: Druckhaus Götz, Ludwigsburg
ISBN 3-12-350270-8

Inhaltsverzeichnis

1 Rhetorik im Deutschunterricht?

Persönliche Statements mit Hilfe von Argumentationsbauplänen

Erwartungen an den Grundkurs Rhetorik

Sie beginnen in Ihrer Klasse oder Ihrem Kurs mit einer neuen und vielleicht etwas ungewohnten Unterrichtseinheit. Dieser ‚Grundkurs Rhetorik' leitet mit Hilfe zahlreicher Redeübungen zum freien Sprechen an; er fördert somit eine Fähigkeit, die in der Schule oft zu kurz kommt.
Im folgenden finden Sie eine Reihe von Thesen und Argumenten zum Thema Rhetorik. Lesen Sie die einzelnen Argumente durch. Vielleicht fällt Ihnen auch ein Argument für die eine oder andere Seite ein, das hier nicht berücksichtigt wurde.

Leitthese (Pro): Wir sollten den Grundkurs Rhetorik (in diesem Halbjahr) machen
- Rhetorische Kenntnisse und Fähigkeiten sind für die Schule nützlich. Durch eine gute Redetechnik lassen sich Referate interessanter und informativer gestalten.
- Rhetorik ist eine gute Vorbereitung auf den Beruf. In vielen Berufen wird heute die Fähigkeit verlangt, frei und zielgerichtet zu sprechen.
- Rhetorik ist wichtig für das alltägliche Leben, weil es immer wieder Situationen gibt, in denen man andere überzeugen möchte.
- Rhetorische Fähigkeiten sind hilfreich, wenn man sich politisch engagieren will. Denn ohne rhetorische Ausbildung fällt es schwer, vor vielen Menschen zu sprechen.
- Rhetorik interessiert mich, weil ...

Leitthese (Kontra): Wir sollten den Grundkurs Rhetorik (dieses Halbjahr) nicht machen
- Rhetorik ist heutzutage nicht mehr so wichtig, weil nur die wenigsten Entscheidungen durch Reden beeinflußt werden.
- Rhetorik ist moralisch bedenklich. Rhetorische Fähigkeiten werden oft mißbraucht, um andere Menschen zu manipulieren.
- Rhetorische Übungen innerhalb der Klasse sind problematisch, weil man den Mitschülern ausgeliefert ist und leicht bloßgestellt wird.
- Rhetorik ist nicht so wichtig, da in Klausuren die Beherrschung des Stoffs mehr zählt als die Fähigkeit zu reden.
- Rhetorik finde ich unwichtig, weil ...

Welcher Leitthese schließen Sie sich an - Pro oder Kontra? Welches Argument scheint Ihnen das gewichtigste zu sein? Machen Sie sich Ihre Einstellung bewußt, und halten sie Ihre Meinung in Stichworten fest:
- Aus welchen Gründen ist es sinnvoll / nicht sinnvoll, sich mit den wichtigsten Grundlagen der Rhetorik vertraut zu machen?
- Wie intensiv sollte sich die Gruppe mit der Rhetorik beschäftigen, welche Schwerpunkte sollten gesetzt werden?
- Welche Übung sollte auf keinen Fall, was sollte unbedingt gemacht werden? Was wollen Sie persönlich erreichen?

Wenn jeder seine Erwartungen artikuliert, kann sich die gesamte Gruppe auf Ziele und Vorgehensweisen einigen, die von möglichst vielen Teilnehmern mitgetragen werden. Dies ist notwendig bei einer Unterrichtseinheit, bei der jeder einzelne aufgerufen ist zur aktiven Mitarbeit.

Argumentationslehre

Lesen Sie die folgenden Äußerungen durch, bevor Sie Ihren eigenen Redebeitrag vorbereiten. Hier wurde die These diskutiert, ob Rhetorik für das spätere Berufsleben wichtig sei. Diskutieren Sie:
- Welche Äußerungen halten Sie für überzeugend, welche nicht?
- Was wurde bei den weniger gelungenen Äußerungen argumentativ falsch gemacht?
- Was wurde bei den überzeugenden Äußerungen richtig gemacht?

Rüdiger: Ich bin der Meinung, daß wir möglichst viele Übungen machen sollten. Denn Rhetorik kann man in den meisten Berufen gebrauchen, zumindest hilft es, wenn man verständlich argumentieren kann. Mich würde besonders interessieren, wie man Kompliziertes einfach erklärt.

Elke: Nein, ich bin dagegen, weil ... ich zum Beispiel Industriekauffrau werden will, und da brauche ich keine Rhetorik. Und irgendwelche politischen Reden zu analysieren, das macht mir auch keinen Spaß. Ein Computerkurs wäre für mich wichtiger. Außerdem ist es in der Wirtschaft ja schon so, daß man sich fortbilden kann. Die großen Firmen bieten ihren Mitarbeitern wirklich eine Menge Möglichkeiten. Oder die Volkshochschule. Meine Schwester hat da auch mal mitgemacht. Aber das ist immer so eine Sache. Es kommt wohl auf den Fall und auf die Situation an.

Diana: Mein Vater hat erst im letzten Jahr an einem Rhetorikkurs teilgenommen, an der Volkshochschule, zehn Abende ging das. Weil er lernen mußte, Sachvorträge zu halten. Er hat gemeint, daß es ihm viel gebracht hat. Also, ich finde auch, daß man bestimmte Grundkenntnisse in der Redetechnik beherrschen sollte, wenn man Vorträge halten oder Mitarbeiter in neue Techniken einweisen muß. Oder wenn man in Besprechungen erfolgreich mitdiskutierten will. Das ist wohl in mehr Berufen so, als wir uns heute vorstellen können. Deshalb sollten wir möglichst viele Redeübungen hier im Unterricht machen.

Erik: Wir alle wissen doch, wie hoch die Belastungen sind, oft müssen wir abends oder am Wochenende noch für die Klausuren lernen. Da sollten wir uns nicht noch mehr aufhalsen. Wir Ihr alle wißt, müssen wir in diesem Halbjahr noch zwei Dramen lesen und die Erörterung behandeln. Mag ja sein, daß Rhetorik interessant oder nützlich ist, aber bevor wir nicht den gesamten Prüfungsstoff behandelt haben, sollten wir nichts Neues anfangen. Deshalb sollten wir den Rhetorikkurs auf keinen Fall in diesem Halbjahr machen.

Nadja: Ich finde, gerade im Deutschunterricht sollten wir uns auch mit Rhetorik beschäftigen. Im Beruf später müssen wir doch kaum noch Aufsätze schreiben oder interpretieren, aber es wird sehr wohl erwartet, daß wir reden und argumentieren können. Denn wer gelernt hat, vor anderen zu reden und überzeugend zu argumentieren, der kann seine Ideen auch leichter durchsetzen. Rhetorik in der Schule – eine bessere Vorbereitung auf den Beruf kann ich mir kaum vorstellen.

In welchen Äußerungen ist ein klarer Aufbau erkennbar? Vergleichen Sie zum Beispiel die letzten beiden Redebeiträge. Erik und Nadja sind zwar unterschiedlicher Meinung und bauen ihre Argumentation auch in entgegengesetzter Reihenfolge auf, in beiden Äußerungen sind aber (Leit-)These, Argument und Argumentationsstütze deutlich zu unterscheiden. Ein Blick auf die Stichwortzettel (linke Spalte) zeigt deutlich, nach welchem Plan (rechte Spalte) die Argumentation aufgebaut ist.

Erik:

nicht noch mehr Belastungen	Argumentationsstütze (als Ohröffner)
↓	↓
2 Dramen, Erörterung	Argument
↓	↓
Rhetorik interessant, aber...	Vorwegnahme eines Gegenarguments
↓	↓
Prüfungsstoff wichtiger	These
↓	↓
Rhetorik nicht jetzt	Leitthese (mit Einschränkung)

Nadja:

für Rhetorik	Leitthese
↓	↓
wichtiger als Aufsatz, Interpretation	These
↓	↓
überzeugend argumentieren: Erfolg	Argument
↓	↓
bessere Vorbereitung auf Beruf	Argumentationsstütze als Schlußsatz

An dieser Stelle ist es notwendig, einige Begriffe der Argumentationslehre und der Rhetorik zu definieren.

Argumentation: Zusammenhang von Thesen, Argumenten und Stützen. Ein Redebeitrag gilt als gelungen, wenn dessen Argumentation 'vernünftig' ist, d. h. schlüssig und für den Zuhörer nachvollziehbar. Mit Hilfe der Argumentation werden Erkenntnisse vorangetrieben und/oder Überzeugungen geltend gemacht. Ziel der Argumentation ist es, die Zuhörer von der Leitthese des Redners zu überzeugen. Dies wird erreicht, indem der Redner in möglichst vielen Argumentationsschritten (Thesen und Argumenten) die Zustimmung des Publikums gewinnt.

Leitthese: Grundeinstellung des Redners zu einem strittigen Thema (Pro oder Kontra). In der Rhetorik werden Leitthesen häufig in Form einer subjektiven Meinung formuliert („Ich bin dafür, daß wir Rhetorik behandeln" statt: „Man sollte Rhetorik behandeln"). Um seine Einstellung überzeugend darzulegen, stellt der Redner mitunter eine Reihe von Thesen auf, für die er jeweils die Zustimmung der Zuhörer sucht.

These: Behauptung (Urteil) oder Forderung, die begründet werden müssen. Auch Thesen werden oft in die Form einer subjektiven Meinung oder persönlichen Forderung umgewandelt („Ich halte Rhetorik für sinnvoll" statt: „Rhetorik ist sinnvoll"). Der Argumentationsbauplan wird hiervon nicht betroffen. Eine These wird durch ein oder mehrere Argumente begründet.

Argument: Beweis oder Begründung für die Richtigkeit einer These. Als rationale Argumente gelten nachprüfbare Tatsachen, unbestreitbare Erfahrungen und wissenschaftliche Erkenntnisse, aber auch gültige Definitionen. Unter ethisch-moralischen Argumenten versteht man anerkannte Wertvorstellungen und Normen wie zum Beispiel die Menschenrechte. Auch allgemein anerkannte Sitten und Bräuche sind als Argumente möglich, aber nicht immer plausibel. Ein Argument kann so treffend (oder schlagend) sein, daß es keiner Argumentationsstütze bedarf; wenn es aber nicht unmittelbar einleuchtet, muß es gestützt werden.

(Argumentations-)Stütze: Wirkungsvolles Mittel, um ein Argument zu veranschaulichen oder zu untermauern. Wenn ein Argument nachhaltiger wirken und sich beim Zuhörer besser einprägen soll, muß es zusätzlich abgestützt werden. Dies geschieht durch Daten und Fakten, durch Belege und Verweise, durch Beispiele und Zitate, aber auch durch Erläuterungen, erhellende Umschreibungen oder durch das Aufzeigen von Konsequenzen. Ein gestütztes Argument ist verständlicher und überzeugender, birgt in sich aber die Tendenz der Weitschweifigkeit; während ein ungestütztes Argument kurz und prägnant, aber auch plakativ wirkt. Als Faustregel gilt: je strittiger oder schwieriger das Argument, desto mehr muß gestützt werden. Bei der induktiven Argumentation (s. u.) hat die Stütze oft die Funktion eines 'Ohröffners'.

Argumentationsbaupläne: Schematisierte Vorschläge für den wirkungsvollen und zielgerichteten Aufbau einer Argumentation. Wenn einzelne Elemente des Bauplans (z. B. These, Argument, Stütze) oder ganze Baupläne wiederkehren, prägen sie sich leichter ein als einzelne Stichworte. Daher spielen sie beim freien Sprechen eine zentrale Rolle: Sie entlasten den Redner bei der Entwicklung seiner Gedanken. Baupläne sollten jedoch so flexibel sein, daß sie individuelle und situationsangemessene Variationen zulassen.
Das folgende Schema erläutert einzelne Schritte aus der Sicht des Redners:

Argumentationsbaupläne für eine persönliche Stellungnahme

(Bezug auf den Vorredner)
ich stimme ... zu, ich widerspreche ..., ich greife auf ...

↙ ↘

deduktiv

Leitthese
Ich bin dafür/dagegen

↓

These
Ich behaupte, fordere, daß ...

↓

Argument
Ich begründe meine These

↓

(Argumentationsstütze)
Ich veranschauliche mein Argument

induktiv

(Ohröffner/Stütze)
Ich wecke die Aufmerksamkeit der Zuhörer

↓

Argument
Ich nenne Tatsachen oder anerkannte Werte

↓

These
Damit behaupte oder fordere ich ...

↓

Leitthese
Deshalb bin ich dafür/dagegen

↘ ↙

(gezielter Schlußsatz)
Ich bringe auf den Punkt, was der Zuhörer im Gedächtnis behalten soll.

(Bei deduktiver Argumentation hilfreich, um nochmals die Leitthese zu wiederholen.)

(Bei induktiver Argumentation entbehrlich, da die Leitthese ohnehin am Schluß steht.)

Deduktive Argumentation: Bei dieser Argumentationsrichtung geht der Redner von seiner These aus und leitet von ihr seine Begründung ab; der Zuhörer erfährt also zunächst den Standpunkt des Redners, dann dessen Begründung.

Induktive Argumentation: Bei dieser Argumentationsrichtung geht der Redner von einem Argument aus, das zu seiner These hinführt; der Zuhörer muß sich also zunächst gedanklich mit dem Argument auseinandersetzen, bevor er der These zustimmt oder sie ablehnt.

Ohröffner: Nicht notwendig, aber wirkungsvoll, um die Aufmerksamkeit der Zuhörer zu wecken.

Bezug auf den Vorredner: Im Verlauf einer Diskussion ein geeignetes Mittel, um Gemeinsamkeiten herzustellen oder um auf Gegensätze aufmerksam zu machen; mitunter auch ein günstiger Anknüpfungspunkt für den eigenen Redebeitrag.

Gezielter Schlußsatz: Ausformulierter Satz, der die Leitthese oder einen zentralen Aspekt nochmals wirkungsvoll auf den Punkt bringt. Gerade bei der freien Rede ein bewährtes Mittel, um zielgerichtet zu sprechen.

Hilfestellung für die praktische Redeübung

Bereiten Sie nun in Stichworten und nach einem der vorgeschlagenen Baupläne Ihr persönliches Statement vor:
- Warum ist für Sie ein Rhetorikkurs im Deutschunterricht (nicht) sinnvoll?
- Welche Schwerpunkte sollten gesetzt werden?
- Was erwarten Sie persönlich von dieser Unterrichtseinheit?

Ihre Stellungnahme sollte auf jeden Fall aus den Elementen Leitthese, These, Argument und, wenn sinnvoll, aus einer Stütze bestehen. Eine Einschränkung schwächt Ihre Leitthese zwar ab, macht sie aber weniger angreifbar, ein gezielter Schlußsatz gibt Ihrem Redebeitrag einen gewissen Pfiff. Entscheiden Sie auch, ob Sie in deduktiver oder induktiver Richtung argumentieren wollen. Wichtig ist vor allem, daß ihre Argumentationsweise vernünftig ist und daß Ihre Stichworte hilfreich sind für das freie Sprechen.
Diskutieren Sie in der Gruppe Ihre Einstellung zum Grundkurs Rhetorik. Fassen Sie das Diskussionsergebnis zusammen, und legen Sie die weitere Vorgehensweise fest.

2 Dreiecksmodell der Rhetorik mit fünf einfachen Regeln

Redebeiträge an der Tafel mit antithetischen Stichworten

Bisherige Erfahrungen mit Reden und Referaten

Sicherlich haben Sie schon miterlebt oder im Fernsehen beobachtet, wie Reden oder Sachvorträge gehalten werden, vielleicht haben Sie auch schon eigene Erfahrungen in der Rhetorik sammeln können: im Unterricht oder in der Schülermitverantwortung, im Verein oder Jugendclub, in der Kommunalpolitik.
Denken Sie – zunächst jeder für sich – über Ihre Beobachtungen und Erfahrungen nach: Welche Fehler sollte man beim Sprechen vor anderen unbedingt vermeiden? Welche Regeln sollten eine Rednerin oder ein Redner unbedingt beachten? Sammeln Sie in Ihrem Heft eigene Vorschläge zu einer 'guten' Rhetorik; verwenden Sie das folgende Schema wie bei den drei Beispielen.

Ein(e) gute(r) Redner(in) sollte

vermeiden		**tun/beachten**
jeden Satz abzulesen	→	möglichst frei sprechen
zu schnell zu sprechen	→	Sprechpausen machen
unverständliche Fremdwörter	→	Fachbegriffe erläutern und unnötige Fremdwörter ersetzen
. . .	→	. . .

Hilfestellung für den praktischen Redebeitrag

Welcher Ihrer Vorschläge reizt Sie zu einem kurzen Redebeitrag? Vor welchen Fehlern wollen Sie warnen, welche Tips wollen Sie ihren Mitschülern geben? Halten Sie einen kurzen Redebeitrag, in dessen Verlauf Sie jeweils ein Stichwort auf der linken und eines auf der rechten Tafelspalte anschreiben und beide in freier Rede Ihren Mitschülern erläutern. Bei dieser Übung sollte der Tafelanschrieb nicht erst während des Redebeitrags formuliert werden, sondern genau vorbereitet sein.

- Der Tafelanschrieb sollte antithetisch zugeordnet sein, sprachlich und logisch ins Schema passen sowie kurz und gut verständlich sein.
- Die Reihenfolge – zuerst das Negative (linke Spalte), dann das Positive (rechte Spalte) – ist unbedingt einzuhalten, denn am Schluß des Redebeitrags sollte nicht der vermeidbare Fehler, sondern die zu beachtende Regel stehen.
- Gliedern Sie daher Ihren Redebeitrag in die folgenden Schritte:
  1. a) In freier Rede erläutern: Was sollte warum vermieden werden?
     b) Stichwort in die linke Spalte schreiben.
  2. a) In freier Rede erläutern: Was sollte warum gemacht oder beachtet werden?
     b) Stichwort in die rechte Spalte schreiben.

3. Abschließende Bemerkung zu dieser Empfehlung oder Appell an die Zuhörer.

Das Vorformulieren der Stichworte und die gedankliche Festlegung des Ablaufs sind eine wichtige Voraussetzung für das freie Sprechen: Liegt dem Redebeitrag eine klare Struktur zugrunde, so lassen sich die eigenen Gedanken frei entwickeln, ohne daß man befürchten muß, den 'roten Faden' dabei zu verlieren.
Diskutieren Sie strittige Vorschläge. Notieren Sie die Hinweise und Tips, denen Sie zustimmen, in Ihrem Heft.

Das Dreiecksmodell der Rhetorik

Die Liste, was ein(e) gute(r) Redner(in) vermeiden bzw. tun sollte, ließe sich noch lange fortsetzen. Wer aber kann schon während seiner Rede all diese Regeln beachten? In diesem ‚Grundkurs Rhetorik' beschränkt sich die Theorie daher auf fünf einfache Regeln, die auf die wichtigsten Fragen, die in der Redepraxis vorkommen, eine Antwort geben.
Um diese Regeln zu verstehen, muß man sich den folgenden einfachen Sachverhalt vor Augen halten: Wenn jemand eine Rede oder ein Referat hält, dann spricht er zu jemandem, und er spricht über etwas. Diese drei Punkte – Redner, Zuhörer und Thema – ergeben das **Dreieck der Rhetorik.**

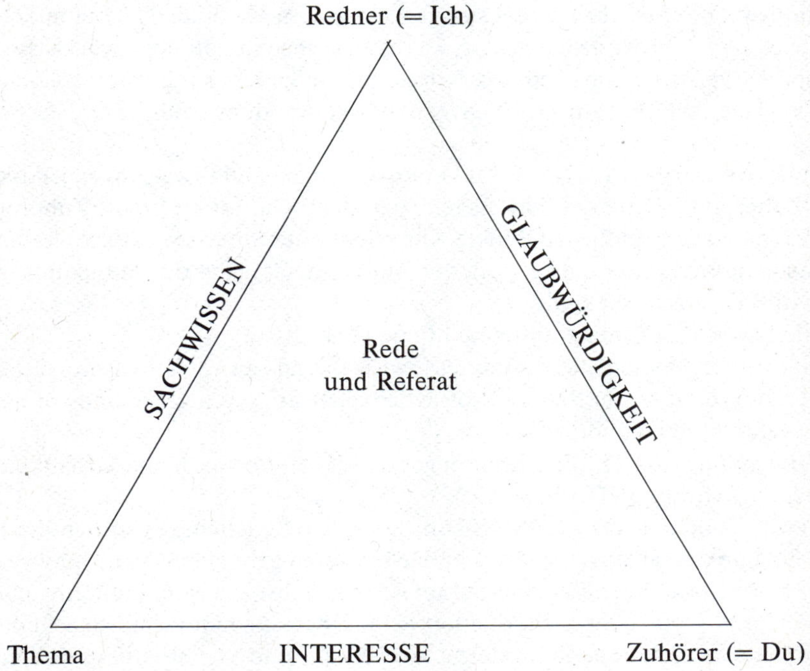

Zwischen diesen Punkten müssen Beziehungen hergestellt werden, wenn der Redebeitrag überzeugen soll:
Die Zuhörer müssen INTERESSE am Thema haben; kann der Redner dies nicht voraussetzen, so ist es seine Aufgabe, das Interesse der Zuhörer zu wecken.
Der Redner muß über sein Thema Bescheid wissen; er sollte soviel SACHWISSEN haben, daß seine Argumentation von den Fakten her überzeugt.
Für den Zuhörer muß er darüber hinaus auch als Person glaubwürdig sein; denn nur die GLAUBWÜRDIGKEIT des Redners öffnet den Zuhörer auch für dessen Anliegen und das Thema der Rede.
Gehen wir einen Schritt weiter. Woran sollen sich Rede oder Referat (im Mittelpunkt des Dreiecks) orientieren? Am Redner? An den Zuhörern? Am Thema? Sind gute Reden oder Referate eher ich-, du- oder sachorientiert? Arbeiten Sie hierzu die folgenden Definitionen durch. Diese drei Begriffe lassen sich in der Praxis zwar nicht so strikt trennen, sie sind aber bei der Vorbereitung und bei der Analyse von Redebeiträgen äußerst hilfreich, weil sie Tendenzen beschreiben und dem Redner eine Orientierung bieten bei der Auswahl dessen, was er sagen möchte.

Ich-orientiertes Sprechen: Hierbei steht der Redner selbst (= Ich) mit seinem persönlichen Interesse im Vordergrund. Er kümmert sich wenig darum, ob das Gesagte von der Sache her notwendig oder für den Zuhörer interessant ist. Typische Kennzeichen ich-orientierten Sprechens sind Selbstdarstellungen, Abweichungen vom Thema und geringe Beachtung der Zuhörer.

Sachorientiertes Sprechen richtet sich ganz nach dem Material, das es zum Thema (= zur Sache) gibt. Es wird alles gesagt, was es zu sagen gibt, oft ohne Rücksicht auf die Zuhörer. Typische Kennzeichen sachorientierten Sprechens sind übertriebene Ausführlichkeit, zu hohes Anspruchsniveau und Verwendung zahlreicher Fachbegriffe.

Du-orientiertes Sprechen ist an den Voraussetzungen und Erwartungen jedes einzelnen Zuhörers (= Du) orientiert. Es reduziert die Sache auf die für die Zuhörer interessanten und verständlichen Punkte. Du-orientiertes Sprechen enthält zwangsläufig weniger Informationen, da es sich der Aufnahmefähigkeit des Publikums anpaßt. Typische Kennzeichen sind:
- intensiver Blickkontakt und eine offene Gestik,
- Einsatz von Medien, die das Interesse wecken und den Verstehensprozeß fördern,
- Berücksichtigung der Redezeit sowie der geistigen, psychischen und körperlichen Verfaßtheit der Zuhörer,
- Verwendung von Du-Formulierungen („Wie Ihr vorhin bemerkt habt …" statt „Wie ich vorhin erklärt habe …").

Vom Mittelpunkt des Dreiecks aus könnte sich ein Redebeitrag vermeintlich an den drei Eckpunkten ausrichten. Aus den Definitionen geht aber bereits hervor, daß es nicht sinnvoll ist, einen Redebeitrag am Redner selbst zu orientieren. Er sollte auch nicht einseitig du- oder sachorientiert sein. Überzeugendes Sprechen findet vielmehr statt in einem Spannungsfeld zwischen du- und sachorientiertem Sprechen.

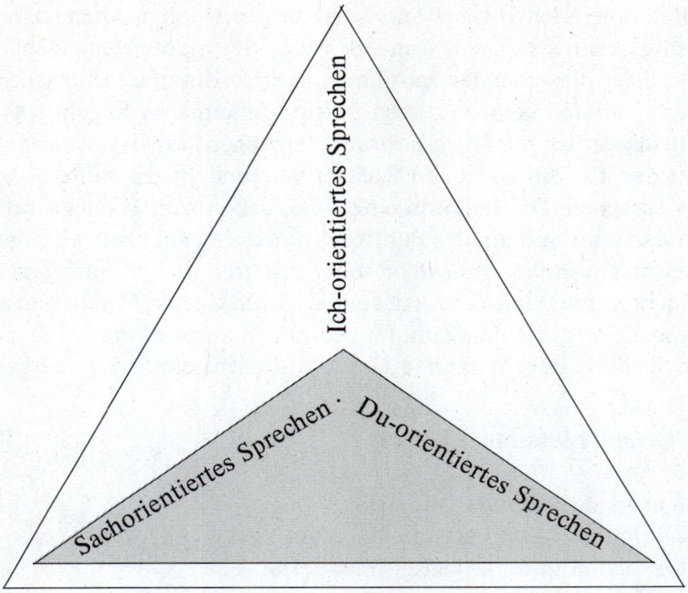

Konkret heißt das zum Beispiel: Ein Redebeitrag ist anfangs zunächst du-orientiert, indem der Redner ein persönliches Verhältnis zu den Zuhörern herstellt und diese für das Thema gewinnt. Dann folgt eine längere Phase sachorientierten Sprechens. Diese findet ihre Grenzen aber in der Tatsache, daß die Zuhörer nur in einem beschränkten Umfang aufnahmefähig sind für rein sachorientiertes Sprechen. Also fügt der Redner immer wieder Elemente du-orientierten Sprechens ein: Er stellt rhetorische Fragen, er legt Folien zur Veranschaulichung auf, oder er bringt Beispiele, die für die Zuhörer hilfreich sind. Auch am Schluß spricht der Redner meist du-orientiert, indem er Denkanstöße oder Appelle formuliert oder indem er nochmals die für die Zuhörer wichtigen Punkte zum Mitschreiben zusammenfaßt.

Mit Hilfe des Dreiecksmodells und der drei neuen Begriffe läßt sich auch der wesentliche Unterschied zwischen **Rede** und **Referat** veranschaulichen:
Beide Redeformen sind zwar im Spannungsfeld zwischen du- und sach-orientiertem Sprechen zu finden, sie unterscheiden sich aber durch ihren jeweiligen Schwerpunkt. Die (Meinungs- und Überzeugungs-)**Rede** ist vor allem du-orientiert, da sie den Zuhörer bewegen und überzeugen will. Indem sie mit Fakten operiert, ist sie auch sachorientiert, aber weniger als das Referat. Mitunter kann sie auch Elemente ich-orientierten Sprechens enthalten. (Einem Redner im Wahlkampf zum Beispiel geht es vor allem darum, sich als fähigen Politiker darzustellen, um zu gewinnen.)
Das **Referat** (auch die Vorlesung oder der Vortrag) ist vor allem sachorientiert. Es ist nur insofern du-orientiert, als es die Aufnahmefähigkeit der Zuhörer berücksichtigt und Hilfestellung für den Verstehensprozeß gibt.
Wichtig ist bei beiden Redeformen, daß das Spannungsfeld der Rhetorik erhalten bleibt: Reden werden immer dann zu 'Geschwätz', wenn sie zu wenig sachorientiert

sind, und Referate, Sachvorträge und Vorlesungen werden immer dann 'trocken' und langweilig, wenn sie zu sach- und zu wenig du-orientiert angelegt sind.
Auf der Grundlage dieser beiden zentralen Begriffe – du- und sachorientiertes Sprechen – lassen sich nun in einem letzten Schritt fünf einfache Regeln aufstellen. Ein Redner sollte eigentlich nur so *sachorientiert* sprechen, wie es notwendig ist, damit der Zuhörer den für ihn wichtigen Sachverhalt versteht. Er sollte also möglichst *du-orientiert* sprechen. Das heißt im einzelnen, daß er sein Thema für die Zuhörer *verständlich* darstellt; und um das Publikum direkt und auf glaubwürdige Weise für seine Sache zu gewinnen, *spricht* er möglichst *frei*. Freies Sprechen wiederum erleichtert nicht nur den Blickkontakt, sondern auch Gestik, Mimik und andere *körpersprachliche Signale*, die den Zuhörer persönlich ansprechen.
Vergleichen Sie diese Regeln mit den Tips, die Sie sich gemeinsam erarbeitet haben.

Die fünf Grundregeln der Rhetorik

1. Sprich nur so sachorientiert wie nötig.
Bereite dich inhaltlich und argumentativ gut vor.
Sprich zielgerichtet und mit klarer Gliederung.
Bringe die Sache auf den für den Zuhörer wichtigen Punkt.

2. Sprich verständlich. (Vgl. hierzu Kapitel 3.)
Vereinfache komplizierte Sachverhalte.
Überprüfe Fremdwörter, Fachbegriffe, Zahlenmaterial.
Orientiere dich am Stil der gepflegten gesprochenen Sprache.
Sprich deutlich und nicht zu schnell.
Mache Sprechpausen (= Mitdenk-Pausen).

3. Sprich möglichst frei. (Vgl. hierzu Kapitel 4.)
Lies auf keinen Fall stur vom Blatt ab.
Wähle eine Spickzettelmethode, die es dir erlaubt, so frei wie möglich und so sicher wie nötig zu sprechen.
Halte Blickkontakt, und achte auf das Feedback der Zuhörer.

4. Bedenke, daß auch dein Körper spricht.
Laß Mimik und Gestik sich natürlich entfalten.
Sei glaubwürdig in Ausdruck und Auftreten.
Öffne dich den Zuhörern, gehe auf sie zu.

5. Sprich möglichst du-orientiert.
Gehe von den Voraussetzungen und Erwartungen des Zuhörers aus.
Vermeide es, ihn zu (unter- oder) überfordern.
Sprich nicht länger, als der Zuhörer dir zu folgen vermag.
Wecke sein Interesse, und führe ihn zum Thema hin.

3 Verständlich sprechen

Umformungsübungen: Schwierige Sachverhalte verständlich machen

Woran liegt es eigentlich, daß Redebeiträge manchmal so schwer zu verstehen sind? Untersuchen Sie dies anhand der folgenden Beispiele.

Aus einem Schülerreferat über das Grundgesetz
Der soziale Rechtsstaat hat also den verfassungsrechtlichen Auftrag, die Verwirklichung des Prinzips des Personalen auf Kosten des Sozialen und des Prinzips der Freiheit auf Kosten der Gleichheit zu verhindern, und das gilt natürlich auch umgekehrt.

Aus einem Lehrervortrag über die Französische Revolution
Über die Auswirkungen des „Terrors" finden Sie im Geschichtsbuch genauere Zahlen; diese verdeutlichen das ganze Ausmaß des Schreckens. So wird die Zahl der Todesurteile zwischen März 1793 und Juli 1794 in ganz Frankreich auf ungefähr 17000 geschätzt. Das sind also, wenn Sie nachrechnen, im Monat 1000 Hinrichtungen, auch Kinder und Greise waren darunter. Auch für die Hauptstadt haben wir genaue Zahlen. In Paris wurden vom März 1793 bis zum 10. Juni 1794 1521 Urteile vollzogen, und vom 11. Juni 1794 bis zum 27. Juli, in knapp sieben Wochen also, kam es nochmals zu 1376 Todesurteilen. Das müssen Sie sich einmal vor Augen führen!

Aus der Rede eines Kommunalpolitikers in der Haushaltsdebatte
Bei dieser Gelegenheit scheint es mir doch wichtig, einmal deutlich darauf hinzuweisen, daß bei der Inanspruchnahme mittelfristiger Kredite, und dies sollte angesichts sinkender Zinsen und steigender Einnahmen doch wohl vertretbar sein, auch wenn das, wie ich zugeben muß, der Steuerzahler nicht so gerne sieht, der Ausbau des Schulzentrums die Priorität haben muß vor kleineren Projekten, zumal sich die finanziellen Risiken in Anbetracht des Nutzens, immerhin stellt dies ja eine Investition in die Zukunft dar, in Grenzen halten.

Anregungen
- Was macht diese mündlichen Äußerungen so schwer verständlich? Wie hätten die drei Sprecher verständlicher formulieren können?
- Verallgemeinern Sie: Was sollte ein(e) Redner(in) vermeiden oder tun und beachten, um die eigenen Aussagen verständlicher zu gestalten? Ergänzen Sie das Spaltenschema in Kapitel 2 unter dem Aspekt der Verständlichkeit.
- Warum sind manche (Lese- oder Sprech-) Texte so schwer zu verstehen? Liegt es an den komplizierten Sachverhalten oder am geistigen Vermögen des Lesers oder Zuhörers? Inwiefern ist der Autor oder Sprecher für die Verständlichkeit seiner Texte verantwortlich?
- Worin liegen die Unterschiede zwischen geschriebener und gesprochener Sprache? Warum werden gut verständliche Lesetexte unverständlich, wenn sie gesprochen werden?

Einfache Übungen zur Verständlichkeit

1 Manche Fremdwörter werden nicht oder zumindest nicht richtig verstanden, obwohl sie im Alltag häufig vorkommen. Meist kann man sie aus dem Zusammenhang erschließen oder erraten. Damit schleichen sich aber Ungenauigkeiten und erste Verständnisbarrieren ein. Ein zweites Problem kommt hinzu. Statt sich auf die eigentliche Aussage zu konzentrieren, wendet der Zuhörer einen erheblichen Teil seiner Aufmerksamkeit und seiner Zeit dafür auf, die Fremdwörter zu entschlüsseln. Was sich bei Lesetexten nicht so gravierend auswirkt, weil der Leser selbst sein Lesetempo bestimmt, läßt sich beim Zuhören kaum mehr ausgleichen.
Wer also wirklich von möglichst allen Zuhörern verstanden werden will, sollte Fremdwörter, die nicht unbedingt notwendig sind, durch leichter verständliche Wörter ersetzen. Testen Sie sich selbst: Welche dieser häufig verwendeten Fremdwörter verstehen Sie nicht genau? Durch welches verständlichere Wort läßt es sich jeweils ersetzen?

analysieren – duplizieren – eliminieren – instruieren – kompensieren – revidieren – Ambition – Differenz – Effekt – Intention – Interaktion – Intuition – Prinzip – Relation – Reflexion – dezidiert – dezimiert – effektiv – eloquent – kognitiv – konventionell – opportun – peripher – potentiell – relevant – restriktiv – rigoros – signifikant – de facto – quasi ...

2 Bei Referaten über Schriftsteller werden oft Dutzende von Lebensdaten genannt, zum Teil auf Monat, Tag und Stunde genau. Dabei können sich die Mitschüler nur ganz wenige Daten wirklich merken. Studieren Sie die Zeittafel zum Leben von Heinrich Heine. Welche Daten sollte sich der Zuhörer sinnvollerweise einprägen? Welche könnten zu einem Aspekt zusammengestellt werden? Welche könnten umgeformt werden (während ..., bevor er ..., in Paris ..., im Alter von ..., sieben Jahre später ...)? Auf welche Daten kann ganz verzichtet werden, weil sie sich aus dem Zusammenhang ergeben oder weil sie nicht so wichtig sind?

13.12.1797	H. in Düsseldorf geboren.
1807–14	Er besucht das Gymnasium in Düsseldorf.
1811	Er beobachtet Napoleons Einzug in Düsseldorf.
1815–16	Er macht eine kaufmännische Lehre.
1815–48	Zeitalter der Restauration.
1816	H. verliebt sich vermutlich in seine Cousine Amalie, die 1821 einen Großgrundbesitzer heiratet.
1817	H. veröffentlicht seine ersten Gedichte.
1818–19	Seine ersten Geschäftserfahrungen enden mit einem Bankrott.
1819–25	Er studiert Jura mit Unterbrechungen in Bonn, Göttingen, Berlin.
28.06.1825	Er konvertiert zum Protestantismus.
Seit 1826	Er lebt von den ‚Reisebildern' und anderen journalistischen Arbeiten sowie von der Unterstützung seines Onkels Salomon.
Okt. 1827	Das ‚Buch der Lieder' erscheint.
27.07.1830	Julirevolution in Paris, H. erhält die Nachricht während seines Sommerurlaubs auf Helgoland.

1830/31	Ärger mit seinem Mäzen, dem Onkel Salomon. Reibereien mit seinem Verleger Campe. Vergebliche Bewerbung um eine Ratsstelle in Hamburg. Verbot des vierten Bandes der ‚Reisebilder' in Preußen.
Mai 1831	Nach seiner Übersiedlung nach Paris lebt er von seinen journalistischen, schriftstellerischen und literarischen Arbeiten, bleibt aber auf Unterstützung angewiesen.
1834	Er lernt Crescence Eugenie Mirat (Mathilde) kennen.
1835	Heines Schriften werden durch den Bundestagsbeschluß gegen das Junge Deutschland in ganz Deutschland verboten.
1841	Er heiratet Mathilde.
1843/44	Er reist zweimal nach Hamburg.
1844	Die ‚Neuen Gedichte' (‚Deutschland – ein Wintermärchen') erscheinen.
24.02.1848	Februarrevolution in Paris.
Seit Mai 48	Er ist durch zunehmende Lähmung ans Bett gefesselt („Matrazengruft").
1851	Der ‚Romanzero' erscheint.
17.02.1856	Heine stirbt.

Bei einem Referat über das Leben eines Schriftstellers kommt es weniger auf die chronologische Abfolge der Ereignisse an als auf den inhaltlichen Zusammenhang, der uns ein literarisches Werk verständlich macht. Vor allem mit Blick auf die Aufnahmefähigkeit des Zuhörers gilt die Faustregel: nicht mehr als fünf Daten in einem Referat. Brauchen die Zuhörer mehr Daten, so teilt der Referent sinnvollerweise ein Arbeitsblatt mit einem Datengerüst aus.
Informieren Sie sich anhand eines Autorenlexikons über die Autoren, die Sie auf der Oberstufe lesen werden. Überprüfen Sie die Faustregel. Vereinbaren Sie mit Ihrer Lehrerin oder Ihrem Lehrer ein Referat über einen Schriftsteller.

3 Halten Sie ein Kurzreferat über das Wachstum der Weltbevölkerung. Werten Sie dabei das folgende Zahlenmaterial aus.

	1955	*1990*	*2025* (geschätzt)	
Weltbevölkerung	2,7	5,3	8,5	jeweils
davon in:				in
Industrieländern	0,9	1,2	1,4	Milliarden
Entwicklungsländern	1,8	4,1	7,1	Menschen

Die Bundesrepublik Deutschland am 3.10.1990	79671000 Einwohner
geschätzt für 2025	72 Millionen Einwohner

4 Geben Sie in einem Kurzreferat Ihren Mitschülern Entscheidungshilfen: Worauf kommt es bei der Berufswahl an? Stützen Sie sich dabei auf das Zahlenmaterial, bereiten Sie es aber so auf, daß es von den Zuhörern leicht verarbeitet werden kann.
Was im Beruf zählt – von je 100 Befragten halten für wichtig:

Sicheren Arbeitsplatz	56	Verdienst	36
Kollegialität	54	Arbeitszeit	27
Abwechslung	43	Aufstiegschancen	25
Selbständigkeit	43	Ansehen	13

Verpaßte Chancen – von je 100 jungen Erwerbstätigen würden sich rückblickend entscheiden für:

Höheren Schulabschluß	37	Studium	12
Anderen Beruf	25	Mehr Fleiß	6
Lehre	12		

Qualifikation – von je 100 Erwerbstätigen hatten bzw. werden haben:

	1970	*1985*	*2000* (geschätzt)
keine abgeschlossene Berufsausbildung	43	27	20
abgeschlossene Lehre oder Fachschule	51	63	65
Hochschulabschluß	6	10	15

5 Manchmal ist es gar nicht so einfach, Begriffe, die man in den einzelnen Fächern ohne weiteres verwendet, zu definieren. Machen Sie die folgenden Begriffe einem Laien verständlich.

Erörterung – Klassik – Parabel – Rhythmus – Satire
Christentum – Datumsgrenze – Konjunktur – Ozonloch – Revolution
Energie – Funktion (im mathematischen Sinn) – Radioaktivität – Struktur – Vitamin

Wie kann man Verständlichkeit messen?

Nach umfangreichen Untersuchungen kamen Psychologen zu dem Ergebnis, daß es vier übergeordnete *Merkmale* gibt,

- die alle wesentlichen Gesichtspunkte umfassen und auf alle Themen und Texte, auch Redetexte, anwendbar sind,
- die sich durch Schätzurteil in Werten (++,+,0,–,––) ausdrücken lassen,
- die genau aufzeigen, was an einem Text bereits verständlich ist und was noch verständlicher gestaltet werden kann oder muß.

Diese *vier Verständlichmacher* werden von den Wissenschaftlern selbst folgendermaßen skizziert (vgl. I. Langer/ F. Schulz v. Thun/R. Tausch: Sich verständlich ausdrükken. Ernst Reinhardt Verlag, München [4]1990, S. 16–28):

Einfachheit (Gegenteil: Kompliziertheit)
einfache Darstellung, kurze, einfache Sätze, geläufige Wörter, Fachwörter erklärt, konkret, anschaulich. (Dieses Merkmal ist am wichtigsten.)

Gliederung-Ordnung (Gegenteil: Ungegliedertheit, Zusammenhanglosigkeit)
gegliedert, folgerichtig, übersichtlich, gute Unterscheidung von Wesentlichem und Unwesentlichem, der rote Faden bleibt sichtbar, alles kommt schön der Reihe nach. (Dieses Merkmal ist ebenfalls wichtig.)

Kürze-Prägnanz (Gegenteil: Weitschweifigkeit)
kurz, aufs Wesentliche beschränkt, gedrängt, aufs Lehrziel konzentriert, knapp, jedes Wort ist notwendig. (Dieses Merkmal trägt zur Verständlichkeit bei, solange der Text nicht langweilig, unpersönlich oder zu knapp wird.)

Anregende Zusätze (Gegenteil: keine anregenden Zusätze)
anregend, interessant, abwechslungsreich, persönlich. (Dieses Merkmal trägt zur Verständlichkeit bei, solange der Text nicht weitschweifig wird.)

Während „Einfachheit" und „Gliederung-Ordnung" ohne Einschränkung als „Verständlichmacher" gelten, stehen die Merkmale „Kürze-Prägnanz" und „Anregende Zusätze" in einem Spannungsfeld zueinander. Ein optimal verständlicher Text ist nach Auffassung der drei Psychologen folglich durch die folgenden Merkmalswerte gekennzeichnet:

Einfachheit + +	Gliederung - Ordnung + +
0 oder + Kürze-Prägnanz	0 oder + Anregende Zusätze

Anregungen

- Messen Sie nach den vorgestellten Merkmalen die Verständlichkeit von Texten, die Ihnen im Unterricht und im Alltag begegnen (Schulbücher, Gebrauchsanweisungen, Beipackzettel für Medikamente, Zeitungsartikel usw.). Messen Sie auch die Verständlichkeit Ihrer eigenen Redebeiträge.
- Wie könnte man diese Texte verständlicher machen? Formen Sie vor allem diejenigen Texte um, die bei zwei oder mehr Merkmalen die Werte - oder -- aufweisen.

Nach welchen Regeln läßt sich verständlich formulieren?

Beim verständlichen Formulieren sind ganz unterschiedliche Faktoren von Bedeutung: Wortwahl, Satzstruktur und Stil, Satzlänge, Textstruktur sowie Informationsmenge und -dichte. Selbst außersprachliche Elemente können zur Verständlichkeit eines Textes beitragen. Alle diese Faktoren bedingen sich wechselseitig. Auch Sprachgefühl und Intuition spielen bei der Verständlichkeit eine Rolle.

Grundregeln des verständlichen Sprechens

1. Wortwahl

a) Sei in der Wortwahl möglichst einfach und konkret.
b) Vermeide Mehrdeutigkeiten.
c) Ziehe kürzere Wörter längeren vor.
d) Vermeide unnötige Fremdwörter; definiere und erläutere Fachbegriffe.
e) Vereinfache Zahlen: runde auf oder ab, arbeite mit Brüchen oder Faktoren, mit Indexzahlen oder Prozentwerten. Reduziere das Zahlenmaterial auf wenige merkbare Daten, oder stelle es graphisch dar.

2. Satzstruktur und Stil

a) Plaziere Aussageschwerpunkte günstig: Vermeide Voranstellungen und Einschübe, wenn sie zu komplex sind oder einen eigenen Aussageschwerpunkt enthalten.

b) Wandle Nebensätze mit wichtigen Aussagen in Hauptsätze um.

c) Gliedere den Satz nach Sinneinheiten. Achte darauf, daß Zusammengehörendes möglichst nahe beieinander steht.

d) Vermeide schwerverständliche Konstruktionen (z. B. Verschachtelungen oder mehrfache Verneinungen) und unnötige Relativierungen (durch unnötige Einschübe, Füllwörter, Konjunktive usw.).

e) Vermeide Nominalstil, verwende Verben.

3. Satzlänge

a) Überprüfe Sätze mit mehr als zwanzig Wörtern auf ihre Verständlichkeit hin. Bedenke: Je länger der Satz, desto schwieriger das Verständnis.

b) Kürze unverständliche Sätze, oder teile ihre Inhalte auf mehrere Sätze auf.

c) Streiche unnötige oder nebensächliche Aussagen und verwirrende Differenzierungen.

4. Textstruktur

a) Gliedere deinen Redetext so, daß der Aufbau für den Verstehensprozeß des Zuhörers hilfreich ist; halte daher diese Struktur ein:
   Worüber spreche ich?
   Was habe ich dem Zuhörer dazu zu sagen?

b) Arbeite Zusammenhänge und Gegensätze besonders deutlich heraus.

c) Mache bei neuen Gliederungspunkten deutlich, worum es gerade geht.

5. Informationsmenge und -dichte

a) Gib nicht mehr Informationen, als man beim bloßen Zuhören verarbeiten kann.

b) Füge Beispiele zur Veranschaulichung ein; konkretisiere abstrakte Aussagen.

c) Gib nicht mehr als eine wesentliche Neuinformation pro Satz (Ausnahme: Aufzählungen).

d) Gliedere die einzelnen Elemente einer Aufzählung so, daß sie vom Zuhörer leicht verarbeitet werden können.

e) Formuliere ‘Botschaften’, die für den Zuhörer relevant sind.

Außerdem zu beachten

a) Sprich laut und deutlich; betone richtig, d. h. den jeweiligen Aussageschwerpunkt.

b) Unterstreiche deine Aussagen mit Elementen der Körpersprache.

c) Erleichtere den Verstehensprozeß deiner Zuhörer, indem du Medien (Folien, Dias, Modelle usw.) einsetzt und Arbeitsmaterialien verteilst.

Komplexe Übungen zur Verständlichkeit

Ein zentraler Grund für die Unverständlichkeit mancher Redetexte liegt darin, daß der Redner seine Rede schreibt und sich dabei die Unterschiede zwischen geschriebener und gesprochener Sprache nicht bewußt macht. Hierzu der Satiriker Kurt Tucholsky in seinen ‚Ratschlägen für einen *schlechten* Redner':

[...] Sprich, wie du schreibst. Und ich weiß, wie du schreibst. Sprich mit langen, langen Sätzen – solchen, bei denen du, der du dich zu Hause, wo du ja die Ruhe, deren du so sehr benötigst, deiner Kinder ungeachtet, hast, vorbereitest, genau weißt, wie das Ende ist, die Nebensätze schön ineinandergeschachtelt, so daß der Hörer, ungeduldig auf seinem Sitz hin und her träumend, sich in einem Kolleg wähnend, in dem er früher so gern geschlummert hat, auf das Ende solcher Periode wartet ... nun, ich habe dir eben ein Beispiel gegeben. So mußt du sprechen. [...]

Kurt Tucholsky: Gesammelte Werke, Band 8. Rowohlt, Reinbek 1975, S. 291.

Diese Tendenz wird verstärkt, wenn sich der Redner bei seiner Vorbereitung auf schriftliche Informationen in komprimierter Form stützt, wie dies zum Beispiel bei Lexikonartikeln der Fall ist. Denn was erst bei mehrmaligem Lesen verständlich wird, läßt sich bei einmaligem Hören nicht verstehen. Aufgabe des Redners ist es also, die Informationen, die ihm in schriftlicher Form vorliegen, in gesprochene Sprache umzuwandeln.

Im folgenden finden Sie Definitionen aus drei unterschiedlichen Fachbereichen; messen Sie die Verständlichkeit dieser Texte, und wandeln Sie diese nach den „Grundregeln des verständlichen Sprechens" in gesprochene Sprache um.

Aus einem Computer-Lexikon

Betriebssystem. Auch Bedienungssystem, *operating system* (Abkürzungen: BS, OS). Bezeichnet die Gruppe von → Systemprogrammen, die für den Betrieb einer DV-Anlage unbedingt erforderlich ist. Das Betriebssystem ist bereits bei der 2. → Anlagengeneration zu finden. Heute stellen sie mit der → Hardware (der eigentlichen Maschine) die wesentliche Voraussetzung für die DV-Anwendung dar. Das Betriebssystem wird bei größeren DV-Systemen nach dem Speichermedium benannt, auf dem Systemprogramme für den Abruf durch die → Zentraleinheit vorrätig gehalten werden. [...] Die Betriebssysteme sind so strukturiert, daß man einen bestimmten Direktzugriffsspeicher beliebiger Art wählen kann. [...] Grundsätzlich besteht ein Betriebssystem aus Grundprogrammen für jeden Ablauf eines → Arbeitsprogramms und aus Zusatzprogrammen, die das Arbeiten der Anlage erleichtern, beschleunigen und verbessern. [...] Zweck der Systemprogramme ist im wesentlichen die → Steuerung des Systems und die Überwachung der gesamten → Peripherie, die Maximierung der zeitlichen → Auslastung, Vereinfachung und Erleichterung der Bedienung (→ *operating)* und der → Programmierung, Vereinfachung und Erleichterung ständig auftretender Routinearbeiten, zeitliche Überwachung und Registrierung aller Arbeiten des Systems [...] Die Grundbestandteile eines modernen Betriebssystems sind 1. Organisationsprogramme [..], 2. Übersetzungsprogramme [...], 3. Dienstprogramme [...].

Hans Herbert Schulze: Das rororo Computer Lexikon. Schwierige Begriffe einfach erklärt. Rowohlt, Reinbek bei Hamburg 1984, S. 57 f.

Aus dem Strafgesetzbuch

(Begünstigung:) „Wer nach Begehung eines Verbrechens oder Vergehens dem Täter oder Teilnehmer wissentlich Beistand leistet, um denselben der Bestrafung zu entziehen oder um ihm Vorteile des Verbrechens oder Vergehens zu sichern, ist wegen Begünstigung zu bestrafen."

(Diebstahl:) „Wer eine fremde bewegliche Sache einem anderen in der Absicht wegnimmt, diesselbe sich rechtswidrig anzueignen, wird wegen Diebstahls bestraft."

(Hehlerei:) „Wer seines Vorteils wegen Sachen, von denen er weiß oder den Umständen nach annehmen muß, daß sie mittels einer strafbaren Handlung erlangt sind, verheimlicht, ankauft oder sonst an sich bringt oder zu deren Absatze bei anderen mitwirkt, wird als Hehler bestraft."

(Raub:) „Wer mit Gewalt gegen eine Person oder unter Anwendung von Drohungen mit gegenwärtiger Gefahr für Leib und Leben eine fremde bewegliche Sache einem anderen in der Absicht wegnimmt, sich dieselbe rechtswidrig anzueignen, wird wegen Raub bestraft."

(Unterschlagung:) „Wer eine fremde bewegliche Sache, die er im Besitz oder im Gewahrsam hat, sich rechtswidrig aneignet, wird wegen Unterschlagung bestraft."

Zitiert nach Langer, s. o. S. 102.

Aus einem Literaturlexikon

Metapher (griech. *metaphora* = Übertragung), die dichterischste der → rhetorischen Figuren, uneigentliche Redeform: bildlicher Ausdruck für e. Gegenstand (oft zur Verlebendigung und Veranschaulichung von abstrakten Begriffen), e. Eigenschaft oder e. Geschehens; entsteht nach Quintilian aus e. abgekürzten Vergleich, indem e. Wort(gruppe) aus dem eigentlichen Bedeutungszusammenhang auf e. anderen, im entscheidenden Punkt vergleichbaren, doch ursprünglich fremden übertragen wird, doch ohne formale Ausführung des Vergleichs im Nebeneinander der Werte („so – wie") unmittelbar und komplex anstelle desselben tritt: es steht nicht in eigtl. Bedeutung, sondern „übertragen". Die antike Figurenlehre (Quintilian) unterscheidet Übertragung von Belebtem auf Belebtes (Fuchs = listiger Mensch), von Leblosem auf Lebloses (Fluß*bett),* von Leblosem auf Belebtes (Schiff der Wüste = Kamel) und am häufigsten von Belebtem auf Lebloses *(Fuß* des Berges); die heutige Theorie scheidet wesensgemäßer in Veranschaulichung des Geistigen durch Sinnliches und Beseelung des Sinnlichen durch Geistiges. [...]

Gero von Wilpert: Sachwörterbuch der Literatur, A. Kröner Verlag, Stuttgart 1969, S. 480.

Bildhaft ausgedrückt, läßt sich dieses umfangreiche Kapitel zusammenfassen: Statt die Rede auf das Trommelfell der Zuhörer zu schreiben, sollte der Redner bei seiner Vorbereitung auf das Papier sprechen; nur so produziert er beim Ablesen gesprochene Sprache, die für den Zuhörer leichter verständlich ist als geschriebene Sprache. Besser ist es aber, der Redner spricht möglichst frei. Er produziert dann zwangsläufig gesprochene Sprache.

Sieben Artikulationsübungen zum individuellen Training

Unverständliches Sprechen kann mitunter auch in der undeutlichen Aussprache und in der schwachen Stimme des Redners seine Ursache haben. Nehmen Sie auch diesen Aspekt ernst. Wer undeutlich oder zu leise spricht, kann durch einige einfache Artikulationsübungen seine Verständlichkeit spürbar verbessern.
Besprechen Sie diese Übungen im Unterricht, und üben Sie dann regelmäßig.

Zur Vorbereitung

- Nimm dir mindestens 10 Minuten Zeit, laß dich nicht ablenken.
- Mache die Übungen im Stehen oder in aufrechter Sitzhaltung.
- Bereite deinen Sprechapparat auf die Übungen vor:
  - Gähne herzhaft vor dich hin.
  - Lasse deinen Unterkiefer bei geschlossenen Lippen locker kreisen.
  - Fahre mit der Zunge den gesamten Mundraum aus, die Lippen bleiben dabei geschlossen.
  - Laß die Luft durch die Nase einströmen, und atme durch den Mund vollständig aus, laß dabei die Lippen vibrieren: „brrr…“

1. Sprich die folgenden Vokale von links nach rechts und umgekehrt:

   i – e – ü – ö – u – o – a

   Achte dabei auf unterschiedliche Kieferöffnung und Mundwinkelbreite.

2. Singe mit steigender Tonfolge:

   mu mo ma me mi wu wo wa we wi

   Singe mit fallender Tonfolge:

   ni ne na no nu li le la lo lu

   Wiederhole die Übung in höherer Tonlage.

3. Artikuliere deutlich die folgenden Nonsens-Sätze, ohne einen Laut zu verschlucken; achte besonders auf die schräg gestellten Konsonanten:

   *B*i*b*i *B*locks*b*erg *b*a*bb*elt und *b*ra*bb*elt *b*loß *B*lech.
   *P*eter *P*anther *p*utzt sich *p*utzig in *P*aris.

   Gu*t*er *D*inge *t*räg*t* *d*er *t*reue *D*ie*t*er
   *d*ie *t*aube *T*ru*d*e *d*urch *d*en *t*rüben *D*reck.

   *G*lü*ck*lich schlu*ck*t der *g*rimmige *G*er*k*o
   se*ch*s *g*litschig-*g*raue *K*rebse täglich.

   *S*im*s*on *S*an*s*ibar, der *s*elt*s*ame *S*eemann,
   *s*oll *s*ofort das *s*eidene *S*onnen*s*egel *s*etzen.

   Freundli*ch* lä*ch*elnd Kir*sch*en in der Kir*ch*e zu fi*sch*en,
   ist kindi*sch*, kindli*ch* und idioti*sch* zuglei*ch*.

   Er arbeitet bal*d* *d*arauf *d*ies un*d* *d*as un*d* *d*enk*t* *d*och nich*t* *d*aran.
   Un*d* *d*enkbar is*t*, *d*aß er ein Un*t*ier, un*d* *d*ir mach*t* *d*as nich*t*s aus.

4. Sprich die folgende Geläufigkeitsübung (nach Rolf Jahncke: Sprechtechnik und Redekunst. Ein Lehrgang für sicheres Auftreten und freies Reden. Ernst Reinhardt Verlag, München) von oben nach unten und von links nach rechts. Achte dabei auf den Vokalwechsel:

Kadrala	Kadrala	Kadrala
Kadrale	Kadrela	Kedrala
Kadrali	Kadrila	Kidrala
Kadralo	Kadrola	Kodrala
Kadralu	Kadrula	Kudrala

5. Singe dein Lieblingslied auf die folgenden Lautkombinationen, indem Du für jede musikalische Phrase oder jede Textzeile ein anderes „Wort“ benutzt:

   bamm - pamm, damm - tamm, gang - kank

6. Lies mit kräftiger Stimme den Leitartikel Deiner Zeitung oder einen anderen Text (z.B. auch ein ausdrucksvolles Gedicht).
   Artikuliere deutlich jeden Laut. Senke nach jedem Aussagesatz die Stimme, und atme vollständig aus.
   Mache eine kurze Pause, und atme dann über die Nase wieder ein. Steigere bei der Wiederholung das Lesetempo, ohne an Deutlichkeit zu verlieren oder die Pausen zu vergessen.

7. Sprich die folgenden Sätze mit ausdrucksvoller Betonung, unterstreiche die Aussage durch Mimik und Gestik:

   Ich begrüße Sie herzlich zu dieser Diskussionsrunde.
   Sicherlich sind wir alle für jede Anregung offen.

   Dieses Problem hat seine Ursachen in einer verfehlten Politik.
   Diese skrupellosen Menschen klage ich an.

   Nein, nein und nochmals nein!
   Ohne Wenn und Aber sagen wir Ja zu diesem Vorschlag.

   Ich danke Ihnen für die konstruktive Kritik.
   Lassen Sie uns mit Zuversicht in die Zukunft blicken.

Variiere in der Betonung. Passe dabei Mimik und Gestik den unterschiedlichen Aussageschwerpunkten an.

Bei diesen Übungen ist zu beachten

- Übe regelmäßig, aber versuche nicht, etwas zu erzwingen. Nimm dir nicht selbst den Spaß durch selbstauferlegten Drill.
- Gehe spielerisch an die Übungen heran, damit sie nicht langweilig werden: Variiere die *Lautstärke* (normal-leise-laut), die *Tonhöhe* (normal-tief-normal-hoch-normal) oder das *Sprechtempo* (zunächst gedehnt sprechen und jeden Laut übertrieben deutlich artikulieren, dann das Tempo steigern).
- Unterlasse Räuspern und Husten. Achte darauf, daß du weder zu hoch, noch zu tief, noch gepreßt sprichst. Brich die Übung ab, falls deine Stimme müde oder heiser werden sollte.
- Artikuliere möglichst im vorderen Mundbereich. Das steigert die Verständlichkeit.
- Deine Fortschritte in der Sprechtechnik kannst du mit Hilfe eines Kassettenrecorders überprüfen.

4 Vom Ablesen zum freien Sprechen

Spickzettelmethoden kennenlernen und ausprobieren

Sprechen Sie frei! Denn das wirkt sicher und glaubwürdig. Unabhängig vom ausformulierten Text können Sie Ihre Gedanken entwickeln und flexibel auf das Publikum reagieren. Mimik und Gestik entfalten sich auf natürliche Weise. Und durch Ihren Blickkontakt fühlt sich jeder Zuhörer persönlich angesprochen.
Wer möchte nicht spontan dieser Forderung zustimmen? Wer möchte nicht frei sprechen können? Doch leider klaffen Anspruch und Wirklichkeit meist weit auseinander. Der Redner ist nämlich in der Regel aufgeregt, er hat Angst, den 'roten Faden' zu verlieren, deshalb greift er zum ausformulierten Manuskript und liest sicherheitshalber Wort für Wort einfach ab.

Anregungen
- Gibt es weitere Gründe, warum Reden so häufig einfach nur abgelesen werden?
- Wie wirkt es auf die Zuhörer, wenn eine Rede stur abgelesen wird?
- Warum ist es kein Ausweg, die Rede einfach auswendig zu lernen?

Fünf Spickzettelmethoden

Statt den Redetext stur abzulesen oder auswendig zu lernen, ist es sinnvoller, mit einer Methode zu arbeiten, die das freie Sprechen fördert, ohne daß der Redner gezwungen ist, auf seine schriftlichen Aufzeichnungen ganz zu verzichten. Die im folgenden vorgestellten Spickzettelmethoden berücksichtigen einerseits das Bedürfnis des Redners, im Notfall auf einen Text oder zumindest auf geeignete Stichworte zurückgreifen zu können, andererseits ermutigen sie ihn, sich in zunehmendem Maße von der Vorlage zu lösen und möglichst frei zu sprechen. Bei der Wahl der richtigen Methode kommt es nicht nur auf die Situation und die Schwierigkeit des Themas an; auch Erfahrung und Sicherheit des Redners spielen eine Rolle: Ein unerfahrener Redner wird zunächst mit Methode 1 oder 2 arbeiten, bevor er die anderen Methoden ausprobiert. Je größer die Redesicherheit und je einfacher das Thema, um so eher wird er sich umgekehrt der freien Rede nähern, also zu Methode 3, 4 oder 5 greifen. Im Überblick:

Ziel: die freie Rede	Empfohlen bei:
5. Der Medien-Trick 4. Die Stichwortgliederung 3. Die Kärtchen-Methode	einfachen Themen, kurzer Rededauer und rhetorischer Übung
2. Die Stichwort-Text-Kombination 1. Das vorbereitete Ablesen	schwierigen Themen, längeren Referaten und geringer Übung
Problem: die Angst, den roten Faden zu verlieren	

Das vorbereitete Ablesen: Bei dieser ersten Methode wird der gesamte Redetext deutlich lesbar auf DIN-A4-Blätter geschrieben. Die einzelnen Blätter sind gut durchstrukturiert: durch Absätze, Einrückungen und Gliederungssymbole. Schüsselwörter sind graphisch hervorgehoben durch Unterstreichungen, Fettschreibung oder farbige Markierung. Die übersichtliche Gliederung und die Hervorhebungen ermöglichen dem Redner eine rasche Orientierung auf dem Blatt. Mit Hilfe dieser Schlüsselwörter löst sich der Redner vom ausformulierten Text, er entwickelt seine Gedanken frei; wenn er aber nicht mehr weiter weiß, dann findet er sich rasch wieder im Text zurecht.
Diese Methode erlaubt es auch, mit 'Regieanweisungen' zu arbeiten, um die Rede wirkungsvoller vortragen zu können:
Die Abkürzung „Bk" oder das Zeichen ☺ erinnern an den Blickkontakt, die Anweisungen „leise", „laut" sowie Betonungs- und Intonationszeichen (↗ ↘) weisen auf eine Variation in der Sprechweise hin, die Anweisung „Folie" oder „Tafel" gibt das Zeichen zum Medieneinsatz; von ganz besonderer Bedeutung ist das Pausenzeichen (!), denn ! eine gut gesetzte Pause ! kann wirken ! wie ein Schrei! Bei der Suche nach weiteren Gliederungs- oder Ablesesignalen sind der Fantasie keine Grenzen gesetzt.
Hilfreich ist es auch, den Text in Sinneinheiten graphisch zu gliedern; fiktives Beispiel zu einer Rede von Richard v. Weizsäcker (vgl. Seite 58):

Keine noch so kluge Theorie, keine noch so ausgefeilte Kalkulation
ersetzt die grundlegende Erfahrung der Menschen aller Kulturen und Religionen
daß der Mensch sich dem anderen erst dann wirklich zuwendet,
wenn er mit ihm teilt.

Wirklich vereint werden wir erst sein,
wenn wir zu dieser Zuwendung bereit sind.

Wir können es. Und viele, ich glaube die meisten, wollen es auch.

Die Stichwort-Text-Kombination: Bei dieser Methode werden die einzelnen Manuskript-Blätter im DIN-A4-Format so aufgeteilt, daß die linke Spalte ein Drittel (= 7 cm) ausmacht und die rechte Spalte zwei Drittel (= 14 cm). Dann wird der Redetext Blatt für Blatt auf die rechte Seite geschrieben. Zu jedem Absatz werden auf der linken Seite der entsprechende Leitgedanke und ergänzend einige weiterführende Stichworte aufnotiert. Dabei ist darauf zu achten, daß das Stichwort links dem Inhalt rechts genau entspricht. Der Redner entwickelt seine Gedanken möglichst frei mit Hilfe der Stichworte auf der linken Seite. Auf den ausformulierten Redetext kommt er nur dann zurück, wenn er nicht mehr weiter weiß oder wenn er zitiert.

Die Kärtchen-Methode: Hierbei verwendet man Karteikarten im Format DIN-A6 oder 7, die während des gesamten Redebeitrags in der Hand behalten werden. Jedes Kärtchen enthält in der Überschrift einen Leitgedanken sowie drei bis fünf weiterführende Stichworte. Der Redner versucht zunächst, anhand der Leitgedanken seine

Rede möglichst frei zu entwickeln. Weiß er einmal nicht weiter, so stützt er seine Rede auf die weiterführenden Stichworte. Die Kärtchen werden in der Regel nur auf der Vorderseite beschrieben, die Rückseite bleibt Hintergrundinformationen vorbehalten. Um Durcheinander zu vermeiden, werden die Kärtchen durchnumeriert.

Die Stichwortgliederung: Bei dieser Methode verwendet der Redner möglichst nur ein einziges DIN-A4-Blatt. Darauf stehen groß und deutlich (z. B. mit Filzstift geschrieben) die Leitgedanken in Stichworten. Mit Bleistift können zusätzliche Stichworte zur Stütze aufnotiert werden. Am Blattende steht - in Stichworten oder ausformuliert - der gezielte Schlußsatz. Der Redner versucht, anhand seiner Leitgedanken seine Rede frei zu formulieren. Dabei löst er sich weitgehend vom Blatt. Weiß er nicht weiter, greift er auf die stützenden Stichworte zurück.

Der Medientrick: Hierbei bedient sich der Redner eines visuellen Mediums: Dias, Folien, Tafelanschrieb, Arbeitsblätter, Flipcharts, Modelle usw. Diese einzelnen Medien werden so eingesetzt, daß sie nicht nur dem Zuhörer zum besseren Verständnis, sondern auch dem Redner als Spickzettel für seinen Vortrag dienen. Der Redner konzipiert also den Medieneinsatz im Hinblick auf die anscheinend freie Rede, daher auch die Bezeichnung „Medien-Trick".

Anregungen:
- Diskutieren Sie Vor- und Nachteile der fünf Methoden.
- Für welche Redezwecke sind die einzelnen Methoden geeignet?
- Welche Methode wollen Sie in Ihrem nächsten Referat ausprobieren?

Beachten Sie:
Bei allen fünf Spickzettelmethoden ist auf Übersichtlichkeit und eine gute Lesbarkeit zu achten. Ihre Aufzeichnungen müssen selbst bei ungünstiger Beleuchtung oder, wenn der Redner aufgeregt ist, ohne Mühe zu entziffern sein. Diese Methoden sind auch dann erst sinnvoll, wenn der Redner in der Lage ist, einzelne Stichwörter im freien Sprechen zu einem Redetext zu verknüpfen.

Übung: Vom Text zum Stichwort, vom Stichwort zur freien Rede
In einem Literatur-Lexikon finden Sie zu zwei Dramen von Friedrich Schiller unter anderem die folgenden Informationen. Sie bilden die Grundlage für diese Übung.
Lesen Sie zunächst den Auszug aus dem Artikel über ‚Kabale und Liebe'. Diese Aussagen lassen sich auf zweierlei Weise in Stichworte verwandeln: Zum einen kann man den Inhalt ausführlich in Stichworten wiedergeben, dies nennen wir das ausführliche Stichwortkonzept. Dieses ausführliche Konzept kann man aber auch auf drei bis fünf Hauptgedanken reduzieren; dies nennen wir das reduzierte Stichwortkonzept.
Vergleichen Sie die Lexikon-Angaben zu ‚Kabale und Liebe' mit den beiden entsprechenden Stichwortkonzepten, dem ausführlichen und dem reduzierten. Für welches der beiden Konzepte würden Sie sich bei einem Schulreferat entscheiden?
Erörtern Sie Vor- und Nachteile.

Zu ‚Kabale und Liebe'

Gleich mit dem ersten Auftreten der Heldin zeichnet sich ihr tragischer Zwiespalt ab. Die Neigung zu Ferdinand, einem jungen Major von hohem Adel, stürzt Luise, die Tochter des Musikus Miller, in einen ihr deutlich bewußten Konflikt: „Der Himmel und Ferdinand reißen an meiner blutenden Seele." Ihrer Liebe widerstreitet ihr religiöses Bewußtsein, das von durchaus zeitbedingter, patriarchalischer Struktur ist: Sowohl der Vater Ferdinands wie der alte Miller, die beide eine Verbindung zwischen Adel und Bürgertum scharf ablehnen, gelten der Bürgerstochter als Repräsentanten des göttlichen Vaters [...] Fasziniert von seiner revolutionären, die Standesgegensätze aufhebenden Leidenschaft, mißdeutet Ferdinand Luises wachsende Abwehr als Mangel an Liebe. Ein Verdacht steigt in ihm auf, der scheinbar bestätigt wird durch die „satanisch feine" Intrige, die der Präsident und sein Sekretär Wurm spinnen. Der Musikus und seine Frau werden festgenommen. Vom Tod, so erklärt man Luise, könne sie ihre Eltern nur durch einen an den Hofmarschall von Kalb gerichteten Liebesbrief retten. Wurm verpflichtet sie zugleich unter Eid, den erzwungenen Brief als ein von ihr aus freiem Entschluß verfaßtes Schriftstück auszugeben. Diese „Kabale" führt zwingend die Katastrophe herbei: Ferdinand, dem man den Brief in die Hände spielt, wird von der rachsüchtigen Verzweiflung übermannt; Luise, um der Eltern willen an Ferdinand schuldig geworden, hofft, im gemeinsamen Tod mit dem Geliebten sich vom Eid zu befreien und sterbend die Unschuld ihrer Liebe wiederherzustellen; dieses Vorhaben durchkreuzt der Vater, der ihr den Selbstmord als schuldhaften Bruch der Vaterbindung ins Bewußtsein ruft; den ironisch bitteren Anklagen Ferdinands hat sie nichts entgegenzusetzen als das Schweigen und die durch den Eid geforderte Lüge. Was immer sie unternimmt oder unterläßt, um ihre Reinheit zu bewahren – es schlägt gegen sie aus. Ihre Situation ist ausweglos tragisch; Handeln wie Nichthandeln führen zuletzt in die unabwendbare Schuld: „Verbrecherin, wohin ich mich neige."

Kindlers Literatur Lexikon in 25 Bänden. Band 12. dtv, München 1974, S. 5098.

Schiller: ‚Kabale und Liebe', V.I.
Kupferstich von Daniel Nikolaus Chodowiecki, 1785.
Sammlung Redslob im Goethe-Museum, Düsseldorf.
Foto: Walter Klein, Düsseldorf

Das ausführliche Stichwortkonzept

Hauptfigur von ‚K+L' = Luise Miller	
Luise:	Tochter eines Musikers, also bürgerlicher Herkunft, aber verliebt in einen jungen Adligen
Ferdinand:	Major und Sohn des „Präsidenten", also adliger Herkunft, aber revolutionär: für Aufhebung der Standesgrenzen
Beide Väter:	gegen eine Verbindung von Adel und Bürgertum
L.s Konflikt:	einerseits Liebe zu Ferdinand, andererseits: Standesgrenzen, Respekt vor dem Vater, religiöse Skrupel
Ferdinand:	wenig Verständnis für L.s Konflikt wirft ihr mangelnde Liebe vor, verdächtigt sie der Untreue
„Kabale" = Intrige des Präsidenten und seines Sekretärs (Wurm), um Ferdinand eifersüchtig zu machen, um die Liebesbeziehung zu zerstören	
Luise wird gezwungen, - einen fingierten Liebesbrief an einen Hofmarschall zu schreiben, der später Ferdinand zugespielt wird (Drohung: Tod der Eltern) - über die Intrige zu schweigen (religiöser Eid!)	
Ausweglose Situation für Luise, unabwendbare Katastrophe:	
Brief verweigern:	Tod der Eltern
Brief schreiben:	scheinbare Untreue gegenüber Ferdinand
Intrige aufdecken:	Eidesbruch
Selbstmord:	Pflichtverletzung gegenüber dem Vater
Zitat: „Verbrecherin, wohin ich mich neige." → Begriff der „Tragik"	

Das reduzierte Stichwortkonzept

Grundkonflikt:	die „Liebe" der bürgerlichen Luise zu einem Adligen
Verschärfung des Konflikts:	die Intrige („Kabale")
Tragische Ausweglosigkeit:	jedes Handeln führt zur Schuld!

Anregungen

- Erstellen Sie nach dem obigen Beispiel auch zu ‚Wilhelm Tell' ein Stichwortkonzept: Vereinfachen Sie dabei die Aussagen, konzipieren Sie Ihre Stichworte im Hinblick auf eine bessere Verständlichkeit und auf einen möglichst freien Vortrag.
- Informieren Sie Ihre Mitschüler über ‚Wilhelm Tell'. Werfen Sie jeweils einen Blick auf eine Stichwortgruppe, und entwickeln Sie dann den entsprechenden Gedanken möglichst frei.
- Vergleichen Sie: ein Mitschüler liest den Lexikon-Auszug vor, ein anderer erläutert den gleichen Zusammenhang auf der Grundlage des ausführlichen, ein dritter

auf der Grundlage des reduzierten Stichwortkonzepts. Welcher Vortrag dauert länger, welcher ist verständlicher, welcher ist informativer?
- Tauschen Sie Ihre Erfahrungen aus: Wie 'dicht' sollten die Stichworte sinnvollerweise gesetzt werden, wenn die Informationen annähernd vollständig und dennoch möglichst frei dem Zuhörer vermittelt werden sollen?

Zu ‚Wilhelm Tell':

[...] Indem die unterdrückten Eidgenossen sich miteinander bereden, erheben sie den Dialog zum rettenden Prinzip. Gertrud, Stauffachers Frau, hat ihren Mann von passiver Verzweiflung befreit, weil sie ihm den Rat gab, mit anderen über die österreichische Fremdherrschaft zu diskutieren, und Stauffacher, ein Schwyzer, spricht daraufhin mit Walter Fürst, einem Bürger Uris, und mit Melchtal, einem Flüchtling aus Unterwalden: Aus dem Dialog Gertrud - Stauffacher geht der Dialog Stauffacher - Walter Fürst - Melchtal hervor, der sich zu einem umfassenden, allgemeinen Dialog, dem Rütli-Schwur, erweitert. Die Tyrannenmacht soll an einem bestimmten Tag gemeinsam gebrochen werden - und diesem Entschluß hat sich jeder einzelne bedingungslos zu fügen: „Bezähme jeder die gerechte Wut / Und spare für das Ganze seine Rache, / Denn Raub begeht am allgemeinen Gut, / Wer selbst sich hilft in seiner eignen Sache." In diesen dialogisch aufklärenden Prozeß fügt sich auch die vielfach mißverstandene Liebesbeziehung ein: Berta von Bruneck befreit Rudenz, den Parteigänger Österreichs, von seiner Verblendung und gewinnt den Adligen für die Sache seines Volks, indem sie ihm zeigt, daß ihrem privaten Glück das allgemeine Glück vorgeordnet sein muß: „Kämpfe / Fürs Vaterland, du kämpfst für deine Liebe!"

Kindlers Literatur Lexikon, s. o., Band 23, S.10228.

Anregung

Halten Sie ein Referat zum Thema „Frauengestalten in Schillers Dramen - ihr Einfluß auf den Verlauf der Geschichte". Stützen Sie sich dabei auf ‚Kabale und Liebe' (I,3, III,6, IV,7 und V,1), auf ‚Maria Stuart' (III,4, IV,11 und V,7-9) und auf ‚Wihelm Tell' (I,2, III,2 und V,2).

Die freie Rede - Möglichkeiten und Grenzen

Freie Rede heißt: der Redner verzichtet ganz auf schriftliche Unterlagen, selbst auf einzelne Stichworte. Dabei entwickelt er seine Gedanken allerdings nur scheinbar frei. In Wirklichkeit hat er sich inhaltlich und rhetorisch gut vorbereitet: Er hat seine Gliederung so klar durchstrukturiert, daß er sie sich gut merken kann. Er vermag es, mittels einzelner Gliederungspunkte seine ganze Argumentation zu entwickeln. Er hat das freie Sprechen zuvor so intensiv geübt, daß er kaum mehr Angst hat, den „roten Faden" zu verlieren oder umständlich zu formulieren. Dies ist bei kürzeren Redebeiträgen, vor allem bei engagierten Meinungsreden, möglich und sinnvoll. Bei einem längeren Sachvortrag genügt es, mit Hilfe der vorgestellten Methoden möglichst frei zu sprechen.

5 Freie Ausgestaltung eines Gedankens

Kommentar zu Karikaturen, Partnervorstellung, Selbstcharakterisierung

Hinführung zum freien Sprechen

Im Alltag gibt es zahlreiche Situationen, in denen man sich spontan und ohne längere Vorbereitung, also 'frei', zu einem Thema äußern muß. Diese Fähigkeit läßt sich durch die Redeübungen in diesem Kapitel erwerben. Dabei bedeutet 'frei' auch in diesem Zusammenhang weder unreflektiert noch unstrukturiert.

Freies Sprechen:
- nach kurzer gedanklicher Vorbereitung
- in einem kurzen Redebeitrag
- mit (maximal) drei Gliederungspunkten und einem gezielten Schlußsatz
- ohne schriftliche Aufzeichnungen
- einen Gedankengang entwickeln und zum Abschluß führen.

Bei den folgenden Übungen können Sie sich in der Vorbereitungsphase einige Stichworte aufnotieren, um Ihre Gedanken zu gliedern. Diese Stichworte dürfen Sie während des Redebeitrags allerdings nicht mehr verwenden. Mit einiger Erfahrung werden Sie später ganz auf Notizen verzichten: Das Ordnen der Stichworte findet dann nur noch im Kopf statt.

Die folgenden Redebeiträge brauchen nicht perfekt zu sein. Wichtig ist nur, daß Sie Erfahrungen sammeln mit dem freien Sprechen. Lassen Sie daher, solange Sie nicht vom Thema abweichen oder unstrukturiert sprechen, Ihren Gedanken freien Lauf, und/oder vertreten Sie einen ganz subjektiven Standpunkt. Ihr Redebeitrag darf auch provozieren oder witzig sein. Erlaubt ist alles, was interessiert und gefällt, vorausgesetzt, daß es niemanden verletzt.

Welche Redeübung reizt Sie am meisten zu einem kurzen Redebeitrag? Würden Sie gerne
- eine Karikatur kommentieren?
- einen Mitschüler unter einem interessanten Aspekt vorstellen?
- sich selbst als Schülertyp charakterisieren?

Erste Übung: Kommentar zu einer Karikatur

Die folgenden Karikaturen thematisieren wichtige Teilbereiche der Rhetorik: das Reden, das Zuhören und das Auftreten einer Person. Machen Sie sich Gedanken zu der Karikatur, die Ihnen am besten gefällt.

a)

b)

Karikatur b in: taz, 5. 6. 1991.

c)

Ihren Redebeitrag könnten Sie beispielsweise wie folgt gliedern:

1. Beschreibung: Sie beschreiben kurz das gesamte Bild und weisen gegebenenfalls auf interessante Details hin.
2. Interpretation: Sie interpretieren die interessanten Details und arbeiten die Grundaussage der Karikatur heraus.
3. Kommentar: Sie machen sich eigene, vielleicht sogar weiterführende Gedanken zu Ihrer Karikatur und beenden Ihren Redebeitrag mit einem gezielten Schlußsatz.

Zweite Übung: Vorstellung eines Mitschülers

Tun Sie sich mit einer Mitschülerin oder einem Mitschüler zusammen. Interviewen Sie sich, und stellen Sie sich anschließend gegenseitig den anderen vor. Da Sie sich innerhalb des Kurses bereits kennen, sind formale Daten wie Name, Alter, Wohnort usw. kaum von Interesse. Interessant könnte dagegen sein:
- ob und warum Ihr Partner gern zur Schule geht,
- was er in seiner Freizeit meistens unternimmt,
- wofür er sich in der Gesellschaft engagiert oder engagieren möchte,
- wie er das aktuelle politische Geschehen beurteilt,
- welche Berufsvorstellungen er hat.

Sicherlich gelingt es Ihnen, durch diese Fragen oder Ihr persönliches Frageinteresse Ihren Partner etwas besser kennenzulernen. Denn so bekannt kann ein Mitschüler in der Klasse gar nicht sein, daß es nicht noch etwas zu entdecken gibt. Heben Sie hierbei einen interessanten, einen sympathischen oder einen witzigen Zug Ihres Partners hervor. Sinn der Vorstellung ist es aber nicht, andere bloßzustellen. Bedenken Sie bereits während des Interviews: Offenheit und gegenseitiges Vertrauen fördern den Austausch, Offenbarungszwänge oder indiskrete Neugier schaden dagegen dem Dialog.

Ihr Redebeitrag könnte etwa folgendermaßen gegliedert sein:
1. Wie Ihr alle wißt ...
2. Was Ihr vielleicht noch nicht wißt ...
3. Meine persönliche Meinung hierzu ... (mit gezieltem Schlußsatz)

Dritte Übung: Selbstcharakterisierung

Betrachten Sie sich die Tierkarikatur auf Seite 36, und studieren Sie die einzelnen Typen.

Welches dargestellte Verhalten entspricht nach Ihrer subjektiven Einschätzung am ehesten Ihrem Verhalten im Unterricht? Wie werden Sie von Ihren Mitschülern vermutlich normalerweise wahrgenommen? Mit welchem Tier könnten Sie sich vielleicht sogar identifizieren: mit dem Hund, dem Frosch, dem Flußpferd usw.? Falls keiner der dargestellten Typen auf Sie zutrifft: Sehen Sie sich vielleicht als 'Mischtyp'? Oder würden Sie sich lieber mit einem ganz anderen Tier vergleichen?

Entdecken Sie auf der Karikatur auch Ihren 'Anti-Typ'? Das ist ein Mitschüler, mit dem Sie vielleicht nicht so gut auskommen, der Sie des öfteren aufregt, neben dem Sie ungern sitzen usw.

Wie verhalten Sie sich gegenüber diesem Typ von Mitschüler, wie würden sie sich gerne verhalten: ihn meiden, ihn 'zurückärgern', freundlich mit ihm umgehen ...?

Diese Redeübung ist zwar auch inhaltlich sehr interessant, sie sollte aber nicht zu ernst oder gar persönlich genommen werden. Der Vergleich mit Tieren ist vor allem ein unterhaltsames Gedankenspiel, bei dem man soziale Erfahrungen sammeln kann. Interessant ist auch die Frage, ob Ihre Mitschüler Ihre Selbsteinschätzung teilen. Wird diese Übung offen und ehrlich durchgeführt, kann der einzelne ein aufschlußreiches Feedback erhalten.

Hellmut Geißner: Rhetorik. Bayerischer Schulbuchverlag, München ²1974, S. 114. Zuerst in: Wir machen mit. Arbeitsgemeinschaft der deutschen Schülervertretungen, Koblenz, Nr. 4, S. 4.

Die Gliederung des Redebeitrags könnte den obigen Fragen entsprechen:
1. Ich-Typ
2. Anti-Typ
3. Mein Verhalten gegenüber dem Anti-Typ
(Der gezielte Schlußsatz kann zum ersten Gliederungspunkt zurückführen, etwa: „Mich würde interessieren, ob Ihr meine Selbsteinschätzung bestätigen könnt.")

6 Rede- und Argumentationsanlässe in der Schule

Einfache und komplexe Baupläne, rhetorische Figuren

Bereits in den vorangehenden Kapiteln spielten Argumentationsbaupläne und Strukturelemente eine wichtige Rolle. Vergegenwärtigen wir uns nochmals die wichtigsten Punkte:

- Eine überzeugende Argumentation besteht meist aus den drei Elementen These, Argument und Stütze (vgl. Kapitel 1: Argumentationslehre).
- Ratsam ist es, nicht mit dem Positiven zu beginnen, sondern aus dem Negativen heraus das Positive zu entwickeln; das Ärgernis bietet somit nur den Redeanlaß, und der Schwerpunkt der Argumentation, der konstruktive Verbesserungsvorschlag, wird ans Ende plaziert (vgl. Kapitel 2: Ein guter Redner sollte vermeiden – tun/beachten).
- Wer verständlich sprechen will, macht immer erst deutlich, worüber er spricht, bevor er hierzu seine Aussage entwickelt (vgl. Kapitel 3: Grundregeln des verständlichen Sprechens).
- Rückgrat der freien Rede ist die klare, leicht einprägbare Gliederung, die den Redner bei der Entwicklung seiner Gedanken entlastet (vgl. Kapitel 4).
- Selbst bei einer spontanen Äußerung ist es ratsam, strukturiert zu sprechen und mit einem gezielten Schlußsatz zu enden (vgl. Kapitel 5).

In diesem Kapitel werden Sie zunächst weitere Gliederungsmöglichkeiten kennenlernen, bevor Sie Gelegenheit haben, in verschiedenen Redesituationen strukturiertes und wirkungsvolles Sprechen einzuüben.

Strukturiertes Sprechen bei einfachen Sprechanlässen

Drei-Punkte-Gliederungen sind bereits aus der Aufsatzlehre bekannt. Das einfachste Gliederungsschema ist Einleitung – Hauptteil – Schluß, differenzierter ist das dialektische Denkmuster These – Antithese – Synthese. Diese Einheiten liegen zum Teil auch den folgenden Gliederungsvorschlägen zugrunde. Diese sind nicht nur für die Redeübungen dieses Kapitels geeignet, sie lassen sich auch auf andere Themen und Redeanlässe anwenden. Machen Sie sich daher mit den vorgeschlagenen Redegliederungen vertraut.

● So ist das Problem ● Warum es gelöst werden muß ● Wie es gelöst werden kann	Die Dringlichkeit einer Lösung steht hier im Vordergrund.
● Ist-Zustand ● Soll-Zustand ● Lösungsweg	Der Ist-Zustand wird negativ beurteilt; der Lösungsweg wird im Hinblick auf einen besseren Soll-Zustand entwickelt.

● Soll-Zustand ● Ist-Zustand ● Argument für Ist-Zustand	Mit diesem Gliederungsmuster soll eine Veränderung des Ist-Zustandes verhindert werden.
● A behauptet/fordert ● B behauptet/fordert ● Mein Kompromißvorschlag	Der unparteiische Redner (C oder Ich) schlägt entweder einen Kompromiß oder einen dritten Weg vor.
● Die Gegenseite behauptet/fordert ● Ich dagegen behaupte/fordere ● Mein Argument mit Stütze	Der Redner reagiert auf die Anti-These mit seiner eigenen These, die er begründet und so zum Schwerpunkt seiner Argumentation macht.

Bei komplexeren Themen haben sich für den freien Vortrag die folgenden Fünf-Punkte-Gliederungen bewährt; sie lassen sich auch bei Lampenfieber merken.

- Die Gegenseite behauptet, fordert
- Ich dagegen behaupte, fordere
- Mein erstes Argument (mit Stütze)
- Mein zweites Argument (mit Stütze)
- Mein bestes Argument (mit Stütze)

- Ist-Zustand
- Soll-Zustand
- Darstellung einzelner Lösungsvorschläge (z.B. als Dreier-Gruppe: A, B, und C)
- Abwägen der Vor- und Nachteile
- Entscheidung des Redners mit Appell an die Zuhörer

- Schilderung des Problems
- Warum es nicht hingenommen werden kann
  - eigene Betroffenheit
  - weitere Nachteile, Folgen, Konsequenzen (vor allem für die Zuhörer)
- Konstruktiver Vorschlag
  - Wer sollte was, wann, wie, wo machen?
  - Vorteile dieses Vorschlags
- Vorwegnahme eines möglichen Gegenarguments und dessen Widerlegung
- Gezielter Schlußsatz
  - Pointierte Zusammenfassung
  - rhetorische oder wirkliche Frage
  - Appell

Variationen oder andere Gliederungsmodelle sind denkbar und je nach Thema und Problemstellung auch notwendig. Sinnvoll sind in unserem Zusammenhang aber nur solche Gliederungen,

- die den Verstehensprozeß des Zuhörers fördern,
- die im Hinblick auf die Meinungsbildung oder das Handeln des Zuhörers psychologisch geschickt sind,
- die – als Erinnerungshilfe – das freie Sprechen erleichtern.

Wählen Sie nun aus den folgenden Sprechanlässen und Themen eine Redeübung aus. Welche Gliederung ist für Ihr Anliegen geeignet? Halten Sie nach kurzer Vorbereitung eine freie Rede auf der Grundlage einer Drei- oder einer Fünf-Punkte-Gliederung.

Sprechanlaß 1:
Die Schülerschaft fordert seit langem
a) ein selbstverwaltetes Schüler-Café,
b) eine Verlängerung der Studienfahrt auf zwei Wochen,
c) Projekttage.

Diese Forderungen stehen auf der Tagesordnung für die nächste Gesamtlehrerkonferenz. Sie sind als Schülersprecher(in) eingeladen, die Forderungen der Schülerschaft vorzutragen und zu begründen.

Sprechanlaß 2:
Die Schulleitung an Ihrer Schule hat alle Schüler der Oberstufe zu einer Aussprache eingeladen. Denn in letzter Zeit hat sich viel Unmut angestaut über die Organisation der Oberstufe, über Unterrichtsmethoden und Benotungsprobleme ... (Daher ist die Redezeit leider auf zwei Minuten pro Redebeitrag und Schüler begrenzt.)

Sprechanlaß 3:
Die Ständige Konferenz der Kultusminister hat Vertreter der Schülerschaft zu einem Hearing geladen. Es geht darum, bei anstehenden Reformen die Probleme der Schüler besser zu berücksichtigen. Deshalb sollen Sie als Betroffene Ihre Interessen und Vorstellungen in die Beratungen einbringen. Denkbar wären die Themen:

- Kürzung der Schulzeit von 13 auf 12 Jahre?
- Abschaffung oder Beibehaltung der Koedukation?
- Strengere Bewertungsmaßstäbe für das Abitur oder Numerus clausus und Aufnahmeprüfungen an den Universitäten?
- Organisatorische Stärkung der Schüler(-mit-)verwaltung?
- Abschaffung der 'Zensur' für Schülerzeitungen?

Analyse einer Abiturientenrede

1985 hielt eine Abiturientin eine Rede, die vermutlich repräsentativ für den 'Zeitgeist' ihrer Schülergeneration war und deshalb große Beachtung fand. Lassen Sie diese Rede von einer Mitschülerin nach der Methode des 'vorbereiteten Ablesens' (vgl. Kapitel 4) vortragen und zunächst auf sich wirken.

Wir blicken in keine rosige Zukunft. Keiner von uns hat das Gefühl, jetzt heraustreten zu dürfen, um die Welt zu erorbern. Jugendlicher Überschwang, idealistische Begeisterung, Sturm und Drang, diese Begriffe passen auf uns nicht.
Wir sind nicht wie die Schülergeneration der Nachkriegsjugend, zu der viele von Ihnen, liebe Eltern und Lehrer, gehörten. Auch sind wir nicht zu vergleichen mit der Schülergeneration von 1968. Wir sind keine Protestler. Manche behaupten sogar, wir seien zu angepaßt.
Wir feiern also unser Abitur unter ganz anderen Vorzeichen. Wir haben eine Hürde genommen - die erste. Darauf sind wir stolz. Aber unser Abiturzeugnis? Ein wertloser Berechtigungsschein. Für alle Lehrberufe, für alle Ausbildungsberufe gibt es Eignungstests und Wartelisten, für das Studium den Numerus clausus; die Arbeitslosigkeit bedroht auch uns - wir werden uns immer wieder anstrengen müssen. Wir glauben nicht, daß wir alles erreichen können, was wir wollen. Wir haben ein äußerst unsicheres Verhältnis zu unserer Zukunft.
Ursache sind äußere Umstände, für die Sie, liebe Lehrer, nicht verantwortlich sind. Doch einen Punkt möchte ich hier anführen, der Sie betrifft. Wer sich in der Schule ernsthaft für ein Fach interessiert hat, wird sich leichter ein Ziel setzen können. Wer sogar erfahren hat, daß es *viele* interessante Fächer gibt, wird bereit sein, weiter zu lernen, zu vertiefen. Dieser Schüler wird auch nicht so schnell resignieren. In diesem Punkt nehmen Sie als Lehrer ganz entscheidend auf unser Leben Einfluß.
Ich behaupte, daß es keinen von vornherein desinteressierten Schüler gibt. Natürlich stumpfen wir im Schulbetrieb oft ab. Aber jedesmal, wenn wir in unserer Schulzeit ein neues Fach, einen neuen Lehrer bekommen haben, waren wir voller Erwartung, gespannt, was nun kommen würde.
Ich behaupte, daß ein Lehrer, der seine Schüler von vornherein für einen uninteressierten Haufen hält, einen schweren, unentschuldbaren Fehler begeht. Gelangweilte Lehrer, abgestumpfte Schüler - ein Teufelskreis, der oftmals schon in der Mittelstufe begonnen hat. In der Oberstufe geht's dann auf das Abitur zu - Interesse ist da ein Luxus, den höchstens noch Religionslehrer für selbstverständlich halten.
Auch die Kameradschaftlichkeit, eine tolle Sache und ein sympathischer Zug vieler unserer Lehrer, ersetzt nicht, worauf es wirklich ankommt: daß Sie als Lehrer zu dem Fach stehen, das Sie schließlich selber einmal gewählt und studiert haben, daß Sie in den Schülern das gleiche Interesse wecken, das Sie dazu gebracht hat, das Fach, Ihr Fach zu studieren. (Mathematiklehrer wissen, daß Mathematik Spaß macht, 90 Prozent der Schüler wissen es nicht.) Sonst wäre es tatsächlich einfacher, wenn der Schüler das Schulbuch nimmt und es zu Hause durchliest.

Damit unsere Nachfolger nicht so denken, wünsche ich mir, daß Sie, liebe Lehrer, Stellung nehmen, und uns, die Neulinge, zu Ihrem Wissen hinführen. Um Schüler von einem Fach zu faszinieren, reichen Fakten nicht aus. Die Hintergründe und die Zusammenhänge Ihres Gebietes müssen die Fakten anreichern. Und dazu gehört, die Schüler als mündige Menschen ernst zu nehmen.
Einen Lehrplan, der Sie langweilt, in anonyme Köpfe zu stopfen, ist sinnlos und fatal. Na klar, sagen Sie, wer will nicht den (unerreichbaren) Idealzustand! Ich möchte aber nicht nur ein paar schöne Ideen ausbreiten, ich möchte Sie bitten, das Verhältnis zu Ihrem Beruf ernsthaft zu überdenken: Wir können nichts dafür, wenn manche von Ihnen ihr eigenes Fach langweilt.
Aber für uns geht es um alles: um unsere Einstellung zur Zukunft. Sie hatten die Macht, uns zu helfen, mit den düsteren Zukunftsprognosen fertig zu werden. Nicht wenige von Ihnen haben uns durch Ihr sachliches Engagement geholfen, unseren Weg zu finden. Oft, viel zu oft, wurden wir aber auch enttäuscht, abgeblockt, nicht ernst genommen, und ich glaube, wir sind ein eher deprimierter Jahrgang. Die Lichtblicke werde ich jedoch nicht vergessen, und ich möchte allen Lehrern danken, die uns im Laufe der Schulzeit geholfen haben.

Birgit Jähnke: Lektion für die Lehrer. DIE ZEIT, Nr. 35 (1985).

Anregungen:
- Formulieren Sie einen ersten Eindruck: Wie hat diese Rede auf Sie gewirkt? Welche Aussagen gehen Schüler und Lehrer auch heute noch etwas an? Worin sehen Sie Stärken und Schwächen dieser Rede?
- In welcher Form werden die Lehrer als primäre Zielgruppe dieser Rede angesprochen? Suchen Sie aus dem Text Elemente der Du-Orientierung heraus.
- Welche rhetorischen Figuren hat die Abiturientin verwendet?
- Welche Sprechakte (z. B. behaupten, auffordern) werden eindeutig formuliert?
- Formulieren Sie die Leitthese dieser Rede.
- Wie ist die Rede aufgebaut? Benennen Sie für jeden Absatz den Gliederungspunkt. Ist auch innerhalb der Absätze eine Binnengliederung erkennbar?

Sie werden Ihr Abitur in einer anderen Situation machen als Mitte der achtziger Jahre die Abiturientin Birgit Jähnke. Welche Aussagen wären Ihnen wichtig?

Entwurf einer Abiturientenrede

Entwerfen Sie in Gruppenarbeit eine Abiturientenrede, die dem Bewußtsein Ihres Jahrgangs entspricht, und lassen Sie diese Rede von einem Gruppenmitglied vortragen. Ratschläge zur Vorgehensweise:

Konzentrieren Sie sich auf Aussagen, die Ihnen bei diesem Anlaß besonders wichtig sind. (Bedenken Sie dabei: Eine Abiturientenrede ist zwar eine Festrede, sie sollte aber weder angepaßt noch unkritisch sein.)

Welche Botschaften wollen Sie den anderen Abiturienten, den jüngeren Schülern, den Lehrern, der Schulleitung oder den Eltern durch ihre Rede vermitteln? Bestimmen Sie genau die Zielgruppe(n) Ihrer Rede.

Wählen Sie eine Gliederung, die einerseits dem besonderen Anlaß entspricht, die andererseits aber auch zu Ihrem Anliegen paßt. (Als Grundschema hat sich bewährt: Rückblick, Besinnung auf Grundsätzliches, Ausblick.)

Verwenden Sie auch rhetorische Figuren, um Ihre Aussagen sprachlich wirkungsvoll zu gestalten. Vermeiden sie jedoch falsches Pathos, und achten Sie darauf, daß sich die rhetorischen Figuren nicht verselbständigen.

Metapher (bildhafte Übertragung aus einem anderen Bereich)	im Elfenbeinturm sitzen Wir haben eine erste Hürde genommen (B. J.). das Licht der Wahrheit
Metonymie (Begriffsersetzung aus demselben Bereich)	Eintrag und Notenbuch mögen ihren Schrecken verloren haben, Lexikon und Taschenrechner werden in unserem Leben aber weiterhin eine Rolle spielen. Das Rektorat hüllt sich zu diesem Problem in Schweigen.
Ironie	Anpassung und Konkurrenzkampf wurden so zu Tugenden ersten Ranges.
Wortspiel:	Ich habe das Haus schon voller, ich habe es auch schon leerer gesehen, aber so voller Lehrer habe ich das Haus noch nie gesehen (v. Bülow).
Schlagwort	gelangweilte Lehrer, abgestumpfte Schüler - ein Teufelskreis... (B. J.).
Alliteration (Lautwiederholung)	*W*ir *w*erden *w*ohl *w*eiter *w*arten müssen. *S*o *s*oll e*s* *s*ein.
Anapher (wörtliche Wiederholung des Satzanfangs)	Ich behaupte, ... Ich behaupte, ... (B. J.) Wir wollten nicht nur Lehrstoff in uns hineinstopfen, wir wollten vielmehr eigene Erfahrungen sammeln, wir wollten eigene Ideen ausprobieren.
Synonymie (Wiederholung durch Wörter gleicher und ähnlicher Bedeutung)	Jugendlicher Überschwang, idealistische Begeisterung, Sturm und Drang, diese Begriffe passen auf uns nicht (B. J.). Neugierde und Spaß am Lernen, Enttäuschung und Frustration lagen oft dicht beieinander.
Klimax (Steigerung)	Anfangs einfach nur Neugierde, dann die Erfahrung, daß man mit so einem Computer selbst etwas programmieren kann, schließlich Begeisterung nicht nur über ein neugewonnenes Hobby, sondern auch über eine Berufsperspektive.

Antiklimax	Anfangs noch Begeisterung, dann gleichgültiges Mitmachen der mündlichen Note wegen, schließlich Leistungsverweigerung aus Prinzip... Oft, viel zu oft, wurden wir aber auch enttäuscht, abgeblockt, nicht ernst genommen, und ich glaube, wir sind eher ein deprimierter Jahrgang (B. J.).
Parallelismus (Parallelstellung)	Riesig war das Engagement des Schülersprechers, bescheiden war die Resonanz bei der Schülerschaft. Grau, teurer Freund, ist alle Theorie, Und grün des Lebens goldner Baum (Goethe).
Chiasmus (Überkreuzstellung)	Die Kunst ist lang, und kurz ist unser Leben (Goethe). Wer viel redet, erfährt wenig.
(Parallelismus und Chiasmus dienen meist einer antithetischen Gegenüberstellung.)	
Anrede	Wir sind nicht wie die Schülergeneration, zu der viele von Ihnen, liebe Eltern und Lehrer, gehörten. ...wünsche ich mir, daß Sie, liebe Lehrer, Stellung nehmen... (B. J.).
Rhetorische Frage	Haben wir als Schüler wirklich alle unsere Chancen genutzt? Ist es demokratisch, wenn Entscheidungen, die vor allem uns Schüler angehen, über die Köpfe der Betroffenen hinweg gefällt werden?
Zitat	Keine Abi-Rede ohne ‚Faust'-Zitat – so scheint es merkwürdigerweise die Tradition zu wollen. In diesem Punkt muß ich Ihre Erwartungen jedoch enttäuschen: Ich werde mich weder als „armer Tor, ...so klug als wie zuvor", noch als Mensch, der irrt, „solang' er strebt", zu erkennen geben. Nichts gegen Goethe und seinen ‚Faust'. Aber ich halte es lieber mit den ‚Physikern', die wir ebenfalls im Deutschunterricht besprochen haben. Ganz nüchtern bringt es Dürrenmatt nämlich auf den Punkt: „Je planmäßiger die Menschen vorgehen, desto wirksamer vermag sie der Zufall zu treffen." Diese These, meine Damen und Herren, ist Ausgangspunkt für ...

Bei der Besprechung der einzelnen Abiturientenreden könnten die folgenden Kriterien als Maßstab dienen:

- Trifft die Rede das Bewußtsein Ihres Schülerjahrgangs? Ist sie repräsentativ?
- Werden Botschaften formuliert, die für die jeweilige Zielgruppe relevant sind?
- Wird sie Schülern, Eltern und Lehrern gerecht? Bleibt sie in ihrer Kritik konstruktiv?
- Ist sie sachlich richtig und in der Argumentation überzeugend?
- Enthält sie in der gedanklichen und sprachlichen Ausgestaltung auch humorvolle oder andere anregende Elemente?

7 Engagiertes Sprechen zu gesellschaftspolitischen Themen

Pro-Kontra-Debatte und Diskussionsleitung

Unsere demokratische Gesellschaft bietet vielerlei Möglichkeit der Mitwirkung und der Einflußnahme auf den Meinungsbildungsprozeß. In den gesellschaftlich relevanten Bereichen haben die Betroffenen meist das Recht, sich zu Wort zu melden, um sich argumentativ für die eigenen Interessen und Ziele einzusetzen. Dies geschieht in Diskussionen und Pro-Kontra-Debatten.

Das visualisierte Stichwortkonzept

Stellen Sie sich vor: In Ihrem Schulort findet eine öffentliche Veranstaltung statt unter dem Motto ‚Die Bürger haben das Wort'. Der (Ober-)Bürgermeister hat hierzu eingeladen, um zusammen mit Mitgliedern der Verwaltung und des Stadtparlaments Anregungen aus der Bürgerschaft entgegenzunehmen. Die Anwesenden haben das Recht, zu allen Fragen und Problemen der Stadtentwicklung Stellung zu nehmen und dadurch den politischen Entscheidungsprozeß zu beeinflussen.
Durch Zufall geraten Ihnen die Stichwortzettel eines Geschäftsmanns, eines Taxifahrers und einer umweltbewußten Hausfrau in die Hände. Alle drei haben ihren Redebeitrag nach derselben Methode vorbereitet.

Anregungen
- Rekonstruieren Sie die jeweilige Gliederungsstruktur. Welche Gliederungspunkte können Sie benennen?
- Welchen Sinn könnte es haben, diese Gliederungspunkte so auf dem Stichwortkonzept zu verteilen?
- Welche inhaltlichen Aussagen verbergen sich hinter den Stichpunkten? Welche Redeziele und Interessen sind erkennbar? Welche Aussagen lassen sich widerlegen oder in Frage stellen?

ZU WENIG PARKPLÄTZE in der Innenstadt

Einnahmerückgang für Handel
Steuerverluste für Kommune
Verkehrs-, vor allem UMWELTBELASTUNG
durch Parkplatzsuche

PARKHAUS in Hauptstraße
sofortiger Planungsbeginn
„Chefsache" des OB

Zwar hohe Kosten, aber
FINANZIERUNG GESICHERT durch
Gebühren und höhere Steuereinnahmen

400 neue Parkplätze:
ATTRAKTIVE EINKAUFSSTADT!

Verkehrschaos im Stoßverkehr

Notwendig: zügiges Vorankommen für den Berufsverkehr

Flexiblere Arbeitszeiten + billigste Lösung - bringt wenig	Bus und Straßenbahn + umweltfreundlich - unbequem	Umgehungsstraße - teuer + langfristig beste Lösung Für Umgehungsstraße Unterschriftenaktion

Geschäftsleute fordern seit langem: **mehr Parkplätze** für ihre Kundschaft (und ihren Umsatz!)	Autofahrer fordern seit langem: Bau der **Umgehungsstraße** (Freie Fahrt für freie Bürger!)

Beide Seiten sind sich offensichtlich einig:
zu viele Autos in der Innenstadt!

Ich auch, aber anderer Lösungsvorschlag:
Autos raus! Weitgehende Verkehrsberuhigung

Autofahrer durch hohe Gebühren abschrecken
Öffentlichen Nahverkehr attraktiver machen

Haben Sie die Gliederungen der beiden Herren wiedererkannt? Wenn nicht, so blättern Sie zurück zu Kapitel 6. Die Argumentationsstruktur der Hausfrau ist dagegen neu. Rekonstruieren Sie diese Gliederung, und stellen Sie diese als Fünf-Punkte-Gliederung dar.
Die räumliche Aufteilung der drei Stichwortkonzepte hat den Vorteil, daß sie sich leichter einprägen läßt. Die Zettel werden nur zur Vorbereitung benötigt, während der Rede hat der Redner die einzelnen Punkte vor seinem ‘inneren Auge’, die visualisierte Struktur erleichtert so die freie Rede.

Die dialektische Vorbereitung

Stellen Sie sich vor: Ihnen fällt auch das Vorbereitungspapier eines Kommunalpolitikers in die Hände, der sich im Verlauf der Diskussion mehrfach gegen den Ausbau der Umgehungsstraße ausgesprochen hat. Studieren Sie auch seine Form der Vorbereitung.

Zum Thema: Ausbau der Umgehungsstraße

Unsere Partei: strikt dagegen!	**Die Gegenseite: dafür!**
<u>Rationale Argumentation</u>	
zu teuer: 180 Millionen!	hoher Nutzen
Verschuldung der Stadt zu hoch: 500 Millionen DM (= 2500 DM/Bürger)	Streichung anderer Projekte
Andere Projekte vordringlicher: Wohnungsbau, Nahverkehr, Erholung	vordringlichstes Problem: laut Verkehrszählung
U-Straße zieht weiteren Verkehr an: Beispiel der Nachbargemeinde	Entlastung der Innenstadt
Belastung der Luft besorgniserregend: z.B. 330 Mikrogramm Ozon pro m^3 Luft	auch andere Ursachen sinkt bei Entlastung
<u>Moralische und politische Grundsätze</u>	
Verantwortung gegenüber allen Bewohnern	Belange der Autofahrer ernst nehmen
Umweltschutz und Gesundheit	Freiheit und Mobilität eingeschränkt
Umdenken in der Verkehrspolitik	
Stop des Straßenbaus	
<u>Zusätzliche Anregungen</u>	
Auf Umweltbericht hinweisen	Unterschriftenaktion
Fraktionsbeschluß	Parteiprogramm
Fünf vor Zwölf!	Autos und Straßen nicht verteufeln

Dieses (fiktive) Beispiel macht deutlich, daß es bei einer Pro-Kontra-Debatte oft nicht genügt, nur Argumente für die eigene Seite zu sammeln. Man sollte sich auch in die Gegenseite hineinversetzen und Argumente für die Antithese bedenken. Durch diese dialektische Vorbereitung wird man weniger leicht von Argumenten der Gegenseite überrascht. Umgekehrt kann man die Wirksamkeit eigener Argumente angesichts möglicher Gegenargumente besser einschätzen.

Ein weiterer Vorteil dieser Vorbereitungsmethode liegt in der Unterscheidung von rationaler und moralisch-ethischer oder politischer Argumentation.

Unter rationaler Argumentation versteht man eine logische oder empirische (auf Erfahrungen und Beobachtungen beruhende) Beweisführung, die durch nachvollziehbare Begründung überzeugt: durch logische Schlußfolgerungen, belegbare Fakten, Zahlenangaben, durch Hinweis auf Vorschriften, Gesetze oder Definitionen und durch Heranziehen von Forschungsergebnissen. Dieser Argumentationstyp sollte immer den Schwerpunkt der Argumentation ausmachen.

Unter moralisch-ethischer Argumentation versteht man die Identifikation eigener Thesen mit anerkannten Werten, wie sie sich zum Beispiel im Grundgesetz, in den Menschenrechten, in christlichen oder anderen Werten und Normen, aber auch in anerkannten politischen Grundsätzen finden.

Eine überzeugende Argumentation besteht meist aus beiden Argumentationstypen: die rationale Argumentation zielt auf die Vernunft des Zuhörers, der Hinweis auf moralische und politische Grundsätze rundet eine Argumentation meist ab, indem sie durch das Herstellen von moralischer, ideologischer oder politischer Gemeinsamkeiten das Gefühl anspricht. Manche Begriffe (Freiheit, Verantwortung, Solidarität, Gleichheit) haben zwar eine hohe Überzeugungskraft, werden aber mitunter auch als billiges Schlagwort mißbraucht.

Die Spalte „zusätzliche Anregungen“ enthält bildhafte Vergleiche, Schlagworte, Allgemeinplätze, Wortspiele, humorvolle Bemerkungen, die zwar einen gewissen Überzeugungswert haben, aber nicht notwendigerweise rational sind.

Vorbereitung und Durchführung einer Pro-Kontra-Debatte (Rollenspiel)

Bereiten Sie sich auf eine Pro-Kontra-Diskussion zu einem der folgenden Themen vor; beachten Sie hierbei die vorgegebene Situation.

Situation: Veranstaltung ‚Der Bürger hat das Wort‘ an Ihrem Schulort
- Kultur- und Kommunikationszentrum für Jugendliche in Selbstverwaltung
- Bau eines Asylantenwohnheims
- Finanzielle Unterstützung der Bürgerinitiative zur Legalisierung von Drogen

Situation: Fernsehsendung ‚Pro und Kontra‘
- Abschaffung der allgemeinen Wehrpflicht
- Soziales Jahr als Verpflichtung für alle jungen Frauen

Bilden Sie zu Pro und Kontra jeweils eine Gruppe, und bereiten Sie sich dialektisch auf die Debatte vor. Sprechen Sie sich innerhalb Ihrer Gruppe ab, wer zu welchem Aspekt oder Argument der Gegenseite Stellung bezieht.
Ein Mitglied aus jeder Gruppe bereitet sich auf ein einführendes Statement vor, ein anderes Gruppenmitglied hält sich für das abschließende Schlußwort bereit.
Zwei Schüler übernehmen in gemeinschaftlicher Absprache die Diskussionsleitung (einer führt beispielsweise die Rednerliste, der andere erteilt das Wort). Zu diesem Zweck machen Sie sich mit den Aufgaben der Diskussionsleitung vertraut. Ihr Ziel ist es, durch Abstimmung eine Entscheidung herbeizuführen.

Allgemeine Grundsätze der Diskussionsleitung

Diskussionen haben unterschiedliche Zwecke: Einige dienen ‘nur’ der Sachinformation und Meinungsbildung, andere führen zu bindenden Beschlüssen mit weitreichenden Konsequenzen. Daher kann es keine für alle Konferenz- und Diskussionsformen gültige Regelung geben. Bei regelmäßig zusammentretenden Diskussionsrunden liegt meist eine Geschäftsordnung vor, die die wichtigsten Verfahrensfragen regelt. Oder der Diskussionsleiter skizziert zu Beginn kurz den formalen Verlauf der Diskussion. Darüber hinaus hängt viel von der Autorität und der Akzeptanz des Diskussionsleiters ab, also auch davon, ob er die Diskussion ‘richtig’ und fair leitet.
Überprüfen Sie anhand der folgenden Zusammenstellung, welche Aufgaben der Diskussionsleitung in Ihrer konkreten Situation zukommen.

Die acht Aufgaben der Diskussionsleitung

0 Ist der Diskussionsleiter gleichzeitig der Veranstalter, so muß er die Konferenz oder Diskussion auch organisatorisch vorbereiten.

- Thema bzw. Tagesordnung festlegen, dabei Anträge zur TO beachten.
- Zeit, Ort, Teilnehmerkreis, Fachleute, evtl. Vertreter der Medien.
- Rechtzeitig (meist 8 Tage vorher) zur Diskussion einladen.
- Technische Hilfsmittel bereitstellen (Mikrofon, Redepult usw.).
- Sitzordnung festlegen (Podiums- oder Plenumsdiskussion?).
- Materialien/Unterlagen zusammenstellen und rechtzeitig verteilen.

Für die Punkte 1 bis 8 gelten die Grundsätze:
Leiten Sie freundlich, aber bestimmt. Halten Sie sich aus der inhaltlichen Diskussion heraus, greifen Sie aber zügig ein, wenn der Diskussionsverlauf gefährdet ist. Setzen Sie sich in der Verantwortung für die Diskussion gegen Einzelinteressen durch.

1 Der DL sollte sich inhaltlich auf die Diskussion vorbereiten.

- Sich mit der Problematik der einzelnen TOPs vertraut machen.
- Sich vorab über die wichtigsten Grundpositionen informieren.
- Verfahrensfragen bedenken und sich gegebenenfalls mit der Geschäftsordnung vertraut machen.

2 Der DL eröffnet die Veranstaltung (Diskussion oder Konferenz).

- Begrüßen und formal eröffnen.
- TO bekanntgeben und die einzelnen TOP aufrufen.
- Thema, Fragestellung und Ziel der Diskussion klar definieren.
- Falls erforderlich, Protokollanten oder Redelistenführer bestimmen.
- Falls erforderlich, Beschlußfähigkeit feststellen.

3 Der DL kann ins Thema einführen, bevor er die Aussprache eröffnet.

- Aktueller Anlaß oder historische Entwicklung.
- Gegenüberstellung des Ist- und des Soll-Zustands.
- Hinweis auf vorliegenden Antrag.
- Geschickte Frage oder provozierender Denkanstoß.
- Denkbar sind auch das Einführungsreferat eines Fachmanns oder zwei kontroverse Statements durch Vertreter der Konfliktparteien.

4 Der DL erteilt das Wort.

- Reihenfolge der Meldungen oder vereinbartes Verfahren einhalten.
- Über die Zulässigkeit von Gegen- oder Verständnisfragen befinden.
- Redebeiträge zu einem Aspekt bündeln.
- Abweichungen vom Thema entgegensteuern.
- Zwischenrufer oder Dauerredner freundlich ermahnen.
- Bei grober Regelverletzung: dem Teilnehmer das Wort entziehen, notfalls ihn ganz von der Diskussion ausschließen.

5 Der DL leitet die eigentliche Diskussion.

- Über die Einhaltung der Tages- und der Geschäftsordnung wachen.
- Für eine sachliche und faire Diskussion sorgen.
- Bei zu hitzigen Wortgefechten moderieren.
- Verstöße gegen die Fairneß oder demokratische Grundregeln tadeln.
- Gemeinsamkeiten und Gegensätze feststellen.
- Zwischenbilanz ziehen, zusammenfassen (ohne Wertung!).
- Die Diskussion vorantreiben (neue Aspekte, vertiefende Fragen).
- Abstimmungen herbeiführen.

6 Der DL führt zur Beschlußfassung hin und leitet die Abstimmung.

DL: Zu diesem TOP liegt ein Beschlußantrag vor ...

(Der Antragsteller liest den Antrag in der genauen Formulierung vor.)

DL: Wir kommen zur Abstimmung. Ich bitte um Handzeichen.
Wer ist für den Antrag?
Wer ist gegen den Antrag?
Wer enthält sich der Stimme?

(Die Stimmen werden laut und für alle nachvollziehbar gezählt, das Abstimmungsergebnis wird im Protokoll festgehalten.)

DL: Der Antrag ist bei x Ja-Stimmen, y Nein-Stimmen und z Enthaltungen angenommen/abgelehnt. Das bedeutet: ...

(Da durch Abstimmung herbeigeführte Beschlüsse weitreichende Folgen haben können, muß das Abstimmungsverfahren unbedingt formal so korrekt durchgeführt werden, daß es rechtlich nicht anfechtbar ist.)

7 Der DL muß auch Anträge zur Geschäftsordnung behandeln.

Geschäftsordnungsanträge zielen beispielsweise auf

- Einhaltung oder Änderung der TO.
- Abschluß der Rednerliste / Schluß der Debatte.
- Beschränkung der Redezeit, allgemeines Zeitlimit.
- Durchführung einer Abstimmung, Herbeiführung eines Beschlusses.
- Aussetzung einer Sitzung (Pause), Rauchverbot.
- Vertagung der Sitzung oder eines TOPs.
- Feststellung der Beschlußfähigkeit.
- Prüfung der Zulässigkeit eines Antrags.

Geschäftsordnungsanträge werden durch Heben beider Arme oder durch Zuruf angezeigt. Sie haben Vorrang vor der weiteren inhaltlichen Diskussion. Die GO soll zügig behandelt werden; eine Diskussion ist nicht gestattet, folgende Reihenfolge ist einzuhalten:

DL: Wir unterbrechen die inhaltliche Diskussion, um über einen Antrag zur Geschäftsordnung zu befinden.

(DL erteilt X das Wort.)

X: Ich stelle den Antrag ...

(Erläuterung mit kurzer Begründung)

DL: Gibt es hierzu einen Gegenantrag?

(Wird kein Gegenantrag gestellt, so ist dieser Antrag ohne Abstimmung angenommen; es sei denn, die jeweilige Geschäftsordnung sieht ein anderes Verfahren vor.

DL: Damit ist der Antrag [von X] angenommen.)

Y: Ich stelle den Gegenantrag ...

(Erläuterung mit kurzer Begründung)

(Danach wird sofort über den Antrag von X abgestimmt.)

DL: Es ist ein Geschäftsordnungsantrag auf ... (Antrag von X) gestellt worden.
Ich bitte um Handzeichen: Wer ist für diesen Antrag?
Wer ist dagegen?
Wer enthält sich der Stimme?

(Der Antrag ist bei einfacher Mehrheit angenommen, bei Stimmengleichheit abgelehnt. Der DL gibt das Ergebnis der Abstimmung bekannt.)

8 Der Diskussionsleiter schließt die Sitzung.

- Zuhörer verabschieden, für Diskussionsbeiträge danken.
- Ergebnisse zusammenfassen und offene Fragen formulieren.
- Protokoll gegebenenfalls weiterleiten oder veröffentlichen, damit die Beschlüsse umgesetzt werden können.

8 Auseinandersetzung mit politischen Reden

Fiktive Erwiderungen und eigene Redeentwürfe

8.1 Krieg und Frieden in der politischen Rede

Krieg oder Frieden? – Um diese Grundfrage menschlicher Existenz wurde im Laufe der Jahrhunderte immer wieder erbittert gestritten. Im folgenden sind in Auszügen zunächst drei historische Reden zusammengestellt, die als Rechtfertigung und als Aufruf zum Krieg unsägliches menschliches Leid zur Folge hatten.

Papst Urbans II. Aufruf zum Kreuzzug (1095)
[...] Und doch gibt es einen Schmerz, der noch tiefer, ein Unglück, das noch größer ist: denn auch Palästina und Jerusalem sind in den Händen der Feinde! Der Erlöser [...] wandelte in jenem ausgewählten Lande. Jede Stelle ist dort geweiht durch die Worte, welche er gesprochen, durch die Wunder, welche er verrichtet hat [...] Und diese Stadt, die Heimat Jesu Christi, die Wiege unseres Heils, ist nicht mehr teilhaft der Erlösung! In dem Tempel, aus welchem Christus die Kaufleute vertrieb, damit das Heiligtum nicht verunreinigt würde, wird jetzt des Teufels Lehre öffentlich verkündet. [...] Lasttiere stehen in den heiligen Gebäuden, und für die Erlaubnis, solch Elend zu schauen, verlangen die Frevler sogar noch schweren Zins. Die Gläubigen werden verfolgt, Priester geschlagen und getötet, Jungfrauen geschändet und gemartert. Wehe uns, wenn wir leben und solchem Unheile nicht steuern, besser ist sterben als der Brüder Untergang länger zu dulden!
Jeder verleugne sich selbst und nehme Christi Kreuz auf sich, damit er Christum gewinne, kein Christ streite mehr wider den anderen, damit das Christentum selbst nicht untergehe, sondern verbreitet und gefördert werde. [...]
Keiner fürchte Gefahr, denn wer für den Herrn streitet, dem sind die Kräfte der Feinde untertan; keiner fürchte Mangel und Not, denn wer den Herrn gewinnt, ist überall reich; keiner lasse sich durch Klagen der Zurückbleibenden vom Zuge abhalten, denn die Gnade des Herrn wird auch diese schützen! (Zwischenrufe: „Gott will es!") [...]

In: Friedrich von Raumer: Geschichte der Hohenstaufen und ihrer Zeit. Band 1. Leipzig 1840, S. 44-46. Zitiert nach: Hermann Schlüter: Grundkurs der Rhetorik. dtv wr 4149. Deutscher Taschenbuch Verlag, München 1974, S. 98 f. Ausschnitte.

Preußenkönig Friedrich II. in einer Ansprache an seine Offiziere (1757)
Meine Herren! Ich habe Sie hierher kommen lassen, um Ihnen erstlich für die treuen Dienste, die sie zeither dem Vaterlande und mir geleistet haben, zu danken. Ich erkenne sie mit dem gerührtesten Gefühl. Es ist beinahe keiner unter Ihnen, der sich nicht durch eine große und Ehre bringende Handlung ausgezeichnet hätte. Mich auf Ihren Mut und [Ihre] Erfahrung verlassend, habe ich den Plan zur Bataille gemacht, die ich morgen liefern werde und liefern muß. Ich werde gegen alle Regeln der Kunst einen beinahe zweimal stärkern, auf Anhöhen verschanzt stehenden Feind angrei-

fen. Ich muß es tun, oder es ist alles verloren. Wir müssen den Feind schlagen oder uns [. . .] alle begraben lassen. So denke ich, so werde ich auch handeln. Ist einer oder der andere unter Ihnen, der nicht so denkt, der fordere hier auf der Stelle seinen Abschied. Ich werde ihm selbigen ohne den geringsten Vorwurf geben.
Ich habe vermutet, daß mich keiner von Ihnen verlassen würde; ich rechne nun also ganz auf Ihre treue Hilfe und auf den gewissen Sieg. Sollte ich bleiben und Sie nicht für das, was Sie morgen tun werden, belohnen können, so wird es unser Vaterland tun. Gehen Sie nun ins Lager, und sagen Sie das, was ich Ihnen hier gesagt habe, Ihren Regimentern, und versichern Sie ihnen dabei, ich würde ein jedes genau bemerken. Das Kavallerieregiment, was nicht gleich, wenn es befohlen wird, sich à corps perdu in den Feind hineinstürzt, laß ich gleich nach der Bataille absitzen und mach es zu einem Garnisonregiment. Das Bataillon Infanterie, was, es treffe auch, worauf es wolle, nur zu stocken anfängt, verliert die Fahnen und die Säbels, und ich laß ihnen die Borten von der Montierung schneiden.
Nun leben Sie wohl, meine Herren, morgen um diese Zeit haben wir den Feind geschlagen, oder wir sehen uns nie wieder.

In: Die Werke Friedrichs des Großen, Band 3. Berlin 1913, S 224. Zitiert nach: Hermann Schlüter: Grundkurs der Rhetorik, s. o., S. 122. Ausschnitte.

Propagandaminister Joseph Goebbels am 18. 2. 1943 im Berliner Sportpalast

[. . .] Die Engländer behaupten, das deutsche Volk habe den Glauben an den Sieg verloren. Ich frage euch: Glaubt ihr mit dem Führer und mit uns an den endgültigen totalen Sieg des deutschen Volkes? [. . .]
Die Engländer behaupten, das deutsche Volk hat keine Lust mehr, sich der überhand nehmenden Kriegsarbeit, die die Regierung von ihm fordert, zu unterziehen. Ich frage euch: Seid ihr und ist das deutsche Volk entschlossen, wenn der Führer es befiehlt, zehn, zwölf und, wenn nötig, vierzehn und sechzehn Stunden täglich zu arbeiten und das Letzte herzugeben für den Sieg? [. . .]
Die Engländer behaupten, das deutsche Volk wehrt sich gegen die totalen Kriegsmaßnahmen der Regierung. Es will nicht den totalen Krieg, sondern die Kapitulation. Ich frage euch: Wollt ihr den totalen Krieg? Wollt ihr ihn, wenn nötig, totaler und radikaler, als wir ihn uns heute überhaupt vorstellen können? [. . .] Ich frage euch [. . .]: Billigt ihr, wenn nötig, die radikalsten Maßnahmen gegen einen kleinen Kreis von Drückebergern und Schiebern, die mitten im Kriege Frieden spielen und die Not des Volkes zu eigensüchtigen Zielen ausnutzen wollen? Seid ihr damit einverstanden, daß, wer sich am Krieg vergeht, den Kopf verliert? [. . .]

In: Alfred Ingemar Berndt von Wedel (Hrsg.): Deutschland im Kampf. Berlin, Nr. 83/84 (Februar 1943), S. 80 ff. Zitiert nach: Der Nationalsozialismus. Dokumente 1933-1945, hrsg. und kommentiert von Walther Hofer. Fischer Bücherei 6084. Fischer Taschenbuch Verlag, Frankfurt a. M. 1982, S 251 f. Ausschnitte.

Anregungen

- Untersuchen Sie die einzelnen Reden. Vergegenwärtigen Sie sich dabei die konkrete historische Situation.
- Auf welchen manipulativen Techniken beruht der ‘Erfolg’ dieser Reden?

- Welche Alternativen zum Krieg werden außer acht gelassen?
- Welche Argumente lassen sich widerlegen?
- Vergleichen Sie die drei Reden miteinander: Gibt es immer wiederkehrende Argumentationsmuster, die den Krieg und dessen Fortsetzung notwendig erscheinen lassen? Welche Argumentationsmuster lassen sich diesen entgegensetzen?
- Formulieren Sie zu Urban II. oder zu Friedrich II. eine Erwiderung oder sogar eine Gegenrede; entwerfen Sie ein Flugblatt zu Goebbels' ‚Sportpalastrede'.
- Vielleicht haben Sie auch Ideen zu einem Rollenspiel, bei dem ein Schüler eine Rede vorträgt und andere Schüler mögliche Gegenpositionen darstellen.

Diesen Kriegsreden steht eine andere Tradition der politischen Rede gegenüber, in der ein anderes Geschichtsbewußtsein und eine andere Verantwortung gegenüber den Menschen zum Ausdruck kommen. In den folgenden Reden geht es um Gewaltverzicht, um Toleranz und um das Infragestellen militärischer Gewaltanwendung. Die Wirkung dieser Reden läßt sich nicht so leicht messen, bedeutsam waren und sind sie allemal.

Bundeskanzler Willy Brandt in seiner Regierungserklärung am 28.10.1969

Aufgabe der praktischen Politik in den jetzt vor uns liegenden Jahren ist es, die Einheit der Nation dadurch zu wahren, daß das Verhältnis zwischen den Teilen Deutschlands aus der gegenwärtigen Verkrampfung gelöst wird. [...] 20 Jahre nach Gründung der Bundesrepublik Deutschland und der DDR müssen wir ein weiteres Auseinanderleben der deutschen Nation verhindern, also versuchen, über ein geregeltes Nebeneinander zu einem Miteinander zu kommen. [...]

Unser nationales Interesse erlaubt es nicht, zwischen dem Westen und dem Osten zu stehen. Unser Land braucht die Zusammenarbeit und Abstimmung mit dem Westen und die Verständigung mit dem Osten. Aber auf diesem Hintergrund sage ich mit starker Betonung, daß das deutsche Volk Frieden braucht – den Frieden im vollen Sinne dieses Wortes – auch mit den Völkern der Sowjetunion und allen Völkern des europäischen Ostens. [...]

Zu einem ehrlichen Versuch der Verständigung sind wir bereit, damit die Folgen des Unheils überwunden werden können, das eine verbrecherische Clique über Europa gebracht hat. Dabei geben wir uns keinen trügerischen Hoffnungen hin: Interessen, Machtverhältnisse und gesellschaftliche Unterschiede sind weder dialektisch aufzulösen, noch dürfen sie vernebelt werden. Aber unsere Gesprächspartner müssen auch dies wissen: Das Recht auf Selbstbestimmung, wie es in der Charta der Vereinten Nationen niedergelegt ist, gilt auch für das deutsche Volk. [...]

Wir sind frei von der Illusion, zu glauben, das Werk der Versöhnung sei leicht oder schnell zu vollenden. Es handelt sich um einen Prozeß; aber es ist an der Zeit, diesen Prozeß voranzubringen.

In Fortsetzung der Politik ihrer Vorgängerin erstrebt die Bundesregierung gleichmäßig verbindliche Abkommen über den gegenwärtigen Verzicht auf Anwendung von oder Drohung mit Gewalt. Die Bereitschaft dazu gilt – ich darf es wiederholen – auch gegenüber der DDR. [...]

Die Politik des Gewaltverzichts, die die territoriale Integrität des jeweiligen Partners

berücksichtigt, ist nach der festen Überzeugung der Bundesregierung ein entscheidender Beitrag zu einer Entspannung in Europa. Gewaltverzichte würden eine Atmosphäre schaffen, die weitere Schritte möglich macht.
Diesem Zweck dienen auch gemeinsame Bemühungen, um den Handel, die technische Kooperation und den kulturellen Austausch zu fördern. [...]
Wir wollen ein Volk der guten Nachbarn sein und werden im Inneren und nach außen.
In: Deutscher Bundestag, 6. Wahlperiode, 28.10.1969, 20 A – 34 C. Zitiert nach: Reden, die die Republik bewegten, hrsg. und eingeleitet von Horst Ferdinand. Herder, Freiburg 1988, S. 345, 358 f., 362. Ausschnitte.

Bundespräsident Richard v. Weizsäcker in seiner Ansprache am 8. Mai 1985

[...] Wir lernen aus unserer eigenen Geschichte, wozu der Mensch fähig ist. Deshalb dürfen wir uns nicht einbilden, wir seien nun als Menschen anders und besser geworden.
Es gibt keine endgültig errungene moralische Vollkommenheit – für niemanden und kein Land! Wir haben als Menschen gelernt, wir bleiben als Menschen gefährdet. Aber wir haben die Kraft, Gefährdungen immer von neuem zu überwinden.
Hitler hat stets damit gearbeitet, Vorurteile, Feindschaften und Haß zu schüren. Die Bitte an die jungen Menschen lautet:
Lassen Sie sich nicht hineintreiben in Feindschaft und Haß
gegen andere Menschen,
gegen Russen oder Amerikaner,
gegen Juden oder Türken,
gegen Alternative oder Konservative,
gegen Schwarz oder Weiß.
Lernen Sie, miteinander zu leben, nicht gegeneinander.

Lassen Sie auch uns als demokratisch gewählte Politiker dies immer wieder beherzigen und ein Beispiel geben.
Ehren wir die Freiheit.
Arbeiten wir für den Frieden.
Halten wir uns an das Recht.
Dienen wir unseren inneren Maßstäben der Gerechtigkeit.
Schauen wir am heutigen 8. Mai, so gut wir es können, der Wahrheit ins Auge.
Schluß der Rede. In: Sonderveröffentlichung, hrsg. vom Presse- und Informationszentrum des Deutschen Bundestags. Bonn 1985, S. 16. Ausschnitt.

Predigt von Bischof Franz Kamphaus am 9.2.1991 zum Golfkrieg

Die Dinge haben ihre zwei Seiten. Und nicht nur die Dinge, mehr noch der Mensch. Nehmen wir unsere Hand: Man kann sie zur Faust ballen und auf den anderen schlagen. Man kann auch die Hand öffnen, und sie dem anderen zum Friedensgruß reichen. Und man kann die Hände falten. Es sitzt alles drin in den Dingen und vor allem in uns selbst: Tod und Leben. Wir ahnen wohl, was für ein Weg das ist, von der Faust zur offenen Hand und zum Händereichen.

Mancher wird denken: Ihr habt gut reden, ihr Theologen, vom Frieden und von der Gewaltlosigkeit. Wir sind keine politischen Besserwisser. Die gegenwärtige Weltenstunde gibt uns mehr Fragen auf, als uns Antworten gegeben sind [...] auch Gegenfragen:

Zeigt sich nicht die ganze Perversion des Krieges darin, daß wir gegen die Waffen kämpfen müssen, die wir selbst mit hohen Gewinnen in den Sand gesetzt haben? Ist das vernünftig, soll das gar gottgewollt sein? Denken wir nur daran, wie entsetzlich die Opfer unter den Soldaten und in der Zivilbevölkerung sind. Und weiter:

Millionen, Milliarden schluckt der Krieg – fast jeden Tag. Bedenken wir, daß die Summen, die in wenigen Tagen in den Krieg investiert werden, in Jahrzehnten, zum Beispiel für Misereor, nicht zusammengebracht wurden. Millionen und Milliarden werden für einen Krieg verpulvert, und Millionen Menschen in der weiten Welt hungern. Soll das vernünftig sein, gar gottgewollt?

Was sind wir für eine Gesellschaft? Schnell sind wir dabei, die Steuern zu erhöhen, um den Krieg finanzieren zu können. Wir finanzieren den Tod, statt daß wir das Leben fördern. Ist schon je einer auf den Gedanken gekommen, die Steuern zu erhöhen, um die Entwicklung der armen Völker voranzutreiben? Ein Politiker, der das verträte – bekäme er unsere Stimme? Mit Entwicklungspolitik läßt sich bei uns keine Wahl gewinnen, darum fristet sie ein kümmerliches Dasein.

Was sind wir für eine Gesellschaft? Einen übergroßen Teil der Intelligenz investieren wir in Waffen und in immer perfektere Waffensysteme, statt diese Intelligenz für die Entwicklung der armen Völker einzusetzen. Die Armen hungern nicht, weil wir zuviel äßen, sondern weil wir zu wenig denken, zu kleinkariert nur an uns selber denken. Wir investieren in Waffen, und die Krisenherde in der Welt wachsen und produzieren neue Kriege. [...]

Zitiert nach: Der Reden-Berater. Hrsg. von Norman Rentrop. Sonderveröffentlichung 125. Bonn o.J., S. 1 f. Ausschnitte.

Anregungen

- Untersuchen Sie die einzelnen Reden: Worin liegen ihre Stärken und Schwächen? Welchen Thesen und Argumenten stimmen Sie zu? Welche Thesen sollten argumentativ besser abgestützt werden?
- Vergleichen Sie die drei Reden: Was macht deren Glaubwürdigkeit aus?
- Tragen Sie eine der Reden, die Ihnen besonders zusagt, vor. Achten Sie dabei nicht nur auf Betonung und Pausentechnik, sondern auch auf Mimik und Gestik und Blickkontakt.
- Ändern Sie eine der Reden ab. Stützen Sie einzelne Thesen, verbessern Sie einzelne Formulierungen. Entfalten Sie dabei Ihren eigenen Stil.
- Entwerfen Sie eine eigene Meinungsrede zu einer der drei Reden: Welche weiteren Schritte sind über den Gewaltverzicht hinaus nötig und möglich, um Frieden zu stiften?
- Wie stehen Sie zu der These „Wir lernen aus unserer eigenen Geschichte“?
- Nehmen Sie Stellung zu einer der ‘Gegenfragen’, die Bischof Kamphaus stellt.

8.2 Innenpolitische Probleme und gesellschaftliche Fragestellungen

Auch im Bereich der Innen- und Gesellschaftspolitik gibt es eine Reihe von Problemen und Fragestellungen, die zur Auseinandersetzung herausfordern: Jugendprotest und Politikverdrossenheit, soziale Verantwortung, die Entwicklung unserer Städte.
Setzen Sie sich mit den folgenden Reden auseinander: Worin liegt deren Überzeugungskraft? Stimmen Sie allen Thesen und Argumenten zu? Halten Sie zu einer Rede, die Ihnen besonders wichtig ist, eine eigene Rede – in Zustimmung oder in Ablehnung.

Fernsehansprache des Bundesjustizministers (und späteren Bundespräsidenten) Gustav Heinemann zu den Studentenunruhen, 14. 4. 1968

Verehrte Mitbürger! Diese Tage erschütternder Vorgänge und gesteigerter Unruhe rufen uns alle zu einer Besinnung. Wer mit dem Zeigefinger allgemeiner Vorwürfe auf den oder die vermeintlichen Anstifter oder Drahtzieher zeigt, sollte daran denken, daß in der Hand mit dem ausgestreckten Zeigefinger zugleich drei andere Finger auf ihn selbst zurückweisen.

Damit will ich sagen, daß wir alle uns zu fragen haben, was wir selber in der Vergangenheit dazu beigetragen haben könnten, daß ein Antikommunismus sich bis zum Mordanschlag steigerte und daß Demonstranten sich in Gewalttaten der Verwüstung bis zur Brandstiftung verloren haben.

Sowohl der Attentäter, der Rudi Dutschke nach dem Leben trachtete, als auch die elftausend Studenten, die sich an den Demonstrationen vor Zeitungshäusern beteiligten, sind junge Menschen.

Heißt das nicht, daß wir Älteren den Kontakt mit Teilen der Jugend verloren haben oder ihnen unglaubwürdig wurden? Heißt das nicht, daß wir Kritik ernst nehmen müssen, auch wenn sie aus der jungen Generation laut wird?

Besserungen hier und an anderen Stellen können nur dann gelingen, wenn jetzt von keiner Seite neue Erregung hinzugetragen wird. Gefühlsaufwallungen sind billig, aber nicht hilfreich – ja sie vermehren die Verwirrung.

Nichts ist jetzt so sehr geboten wie Selbstbeherrschung, – auch an den Stammtischen oder wo immer sonst das Geschehen dieser Tage diskutiert wird.

Das Kleid unserer Freiheit sind die Gesetze, die wir uns selber gegeben haben. Diesen Gesetzen die Achtung und Geltung zu verschaffen, ist Sache von Polizei und Justiz. Es besteht kein Anlaß zu bezweifeln, daß Polizei und Justiz tun, was ihre Aufgabe ist.

Wichtiger aber ist es, uns gegenseitig zu dem demokratischen Verhalten zu verhelfen, das den Einsatz von Justiz und Polizei erübrigt.

Zu den Grundrechten gehört auch das Recht zum Demonstrieren, um öffentliche Meinung zu mobilisieren. Auch die junge Generation hat einen Anspruch darauf, mit ihren Wünschen und Vorschlägen gehört und ernst genommen zu werden.

Gewalttat aber ist gemeines Unrecht und eine Dummheit obendrein. Es ist eine alte Erfahrung, daß Ausschreitungen und Gewalttaten genau die gegenteilige öffentliche

Meinung schaffen, als ihre Urheber wünschen. Das sollten - so meine ich - gerade politisch bewegte Studenten begreifen und darum zur Selbstbeherrschung zurückfinden.
Unser Grundgesetz ist ein großes Angebot. Zum erstenmal in unserer Geschichte will es in einem freiheitlich-demokratischen und sozialen Rechtsstaat der Würde des Menschen volle Geltung verschaffen. In ihm ist Platz für eine Vielfalt der Meinungen, die es in offener Diskussion zu klären gilt.
Und in diesem Grundgesetz zusammenzufinden und seine Aussagen als Lebensform zu verwirklichen, ist die gemeinsame Aufgabe. Die Bewegtheit dieser Tage darf nicht ohne guten Gewinn bleiben.

In: Bulletin des Presse- und Informationsamtes der Bundesregierung vom 17.4.1968. 393–394. Zitiert nach: Reden, die die Republik bewegten, s.o., S. 335f.

Anregung

Greifen Sie das Bild vom ausgestreckten Zeigefinger auf. Gibt es auch heute noch jugendliche Verhaltensweisen, die von der älteren Generation kritisiert werden, obwohl diese zumindest die Mitverantwortung trägt?

Die Bundestagsabgeordnete Ingrid Matthäus-Maier am 4.9.1989 in einer Haushaltsdebatte

[...] Wir beklagen uns über die Politikverdrossenheit vieler Bürger. Diese Bundesregierung trägt zu ihr bei, indem sie den Menschen keine Ziele aufzeigt, für die einzusetzen sich lohnt. Es ist meine feste Überzeugung: Die Menschen wollen nicht immer nur mehr haben und immer mehr bekommen. Die Menschen wollen sich einsetzen. Die Menschen wollen mitmachen, und sie sollen es auch. Sie haben es satt, daß die Politik sie wie Unmündige behandelt. Wir trauen dem Bürger mehr zu, wir setzen auf den mündigen Bürger. [...]
Die Richtung ist klar: Wir wollen unsere Zukunft sichern und unseren Kindern eine lebenswerte Umwelt hinterlassen. Dann müssen wir Ernst machen mit der ökologischen Modernisierung unserer Industriegesellschaft. [...]

Zitiert nach: Der Reden-Berater, s.o., Sonderveröffentlichung Nr. 952. Fotokopie der Stenografischen Berichte des Bundestags. Ausschnitte.

Anregung

Für welche politischen Ziele lohnt sich Ihrer Meinung nach politisches Engagement?

Die Bundestagsabgeordnete Hildegard Hamm-Brücher auf der ersten gesamtdeutschen Frauenkonferenz in Bonn am 5./6. Oktober 1990

[...] Frauen aus allen Teilen Deutschlands sind zum erstenmal zusammengekommen, um über die Zukunft ihrer - unserer - Demokratie und ihren - unseren - Anteil daran nachzudenken. Denn vom Volk, das wir sind, sind wir über die Hälfte - ausgestattet mit den gleichen Rechten und Pflichten, aber noch keineswegs mit dem gleichen politischen und gesellschaftlichen Gewicht:
In Staat und Politik, in den öffentlichen Angelegenheiten (den res publicae) dominieren nach wie vor männliche Prinzipien, überwiegen Macht und Vorteil der tradi-

tionell Stärkeren, ist Denken und Handeln männlich geprägt [...] bestimmen Anpassung und Opportunismus, mangelt es an Zivilcourage. [...]
Die (Gretchen-)Frage, ob und wie sich das ändern läßt, beschäftigt uns Frauen schon lange. Viele von uns arbeiten in Parteien, Parlamenten, Organisationen mit, haben sich dort Positionen erkämpft – als Einzelkämpferin zumeist –, aber haben wir an diesen Prinzipien wirklich nichts geändert?
Politik ist und bleibt ein hartes, rücksichtsloses, trickreiches Geschäft um Macht und Mehrheiten und stellt die theoretisch idealen Prinzipien der Demokratie in Frage. Vieles bleibt auf der Strecke, was anderen Menschen – vor allem Frauen – für das Zusammenleben wichtig ist: Hilfsbereitschaft und Zuverlässigkeit, Vertrauen und Fairneß, Geduld und Rücksicht, Ehrlichkeit vor allem. Und dann leiden sie unter jener unerträglichen Diskrepanz zwischen politischem Denken, Reden und Handeln, die Politik und Politiker häufig unglaubwürdig macht. [...]
Gibt es für Frauen, selbst wenn sie unterschiedlichen Parteien oder Organisationen angehören und in Einzelfragen oft sehr unterschiedliche Meinungen haben, so etwas wie verbindende Gemeinsamkeiten und Verantwortlichkeiten
- für die innere Verfassung unseres demokratischen Gemeinwesens?
- für ein gemeinsames Engagement, Schwächen, Defizite, Mißbräuche, Versäumnisse beim Namen zu nennen und dagegen anzugehen?
- für eine Solidarität, [...] heute aktuell wahrgenommen bei Fremden- und Ausländerhaß, Rassen- und Kulturdünkel?

Können Frauen diese Grenzen überschreiten?

Hildegard Hamm-Brücher: Nachdenken über ein demokratisches Deutschland und Visionen über den Beitrag der Frauen hierzu. Zitiert nach: Der Reden-Berater, Sonderveröffentlichung Nr. 964. Bonn o. J., Fotokopie des Redemanuskripts, Ausschnitte.

Anregung

Welche 'weiblichen' Prinzipien sollten in der Politik verwirklicht werden? Gibt es frauenspezifische Inhalte und Forderungen, die stärker berücksichtigt werden sollten? Halten Sie hierzu eine Meinungsrede.

Bundespräsident Richard v. Weizsäcker zur deutschen Wiedervereinigung am 3. 10. 1990

[...] Oft hört man heute, niemandem solle etwas genommen werden, es komme nur auf die Verteilung der Zuwächse an. Das ist schön gesagt in der Marketingsprache zeitgemäßer politischer Kommunikation. Bei nüchterner Betrachtung würde jedoch auch dies nichts anderes bedeuten als die Vertagung des Teilens auf die Zukunft. Das kann dann für viele menschliche Schicksale zu spät sein. Nach einem chinesischen Sprichwort verwandeln sich Berge in Gold, wenn Brüder zusammenarbeiten. Es muß nicht Gold sein, es geht auch nicht ohne Schwestern, und es macht keine Freude ohne sie. Aber kein Weg führt an der Erkenntnis vorbei: Sich zu vereinen, heißt teilen lernen. [...] Keine noch so kluge Theorie, keine noch so ausgefeilte Kalkulation ersetzt die grundlegende Erfahrung der Menschen aller Kulturen und Religionen, daß der Mensch sich dem anderen erst dann wirklich zuwendet, wenn er mit ihm teilt. Wirklich vereint werden wir erst sein, wenn wir zu dieser Zuwendung bereit sind. Wir können es. Und viele, ich glaube die meisten, wollen es auch. [...]

Zitiert nach: Bulletin des Presse- und Informationsamtes der Bundesregierung, Nr. 118, S. 1236 f. Bonn 1990. Ausschnitte aus Abschnitt VII.

Anregung:

Vermissen Sie in unserer Gesellschaft die Bereitschaft zum Teilen? Nehmen Sie Stellung zur Einschätzung des Bundespräsidenten.

Die Oberbürgermeisterin Beate Weber auf dem Neujahrsempfang der Stadt Heidelberg, 6. 1. 1991

[...] Damit sich Heidelberg dem Wandel in eine lebenswerte Zukunft nicht verschließt, brauchen wir ganz dringend den Einklang von Stadtentwicklung und Umwelt, eine bürgerfreundliche und ausgewogene Verkehrsentwicklung, sichere und humane Arbeitsplätze, soziale Sicherheit und nicht zuletzt ein festes finanzielles Fundament und eine starke Selbstverwaltung. [...]

Ich sehe Stadtentwicklungsplanung als eine ämter- und dezernatsübergreifende Aufgabe an. Wir brauchen heute mehr denn je ein „vernetztes Denken“. Frederic Vester, der mit diesem Begriff seit Jahren für ein besseres Verständnis der Wirklichkeit wirbt, beschreibt die notwendige „neue Sicht der Dinge [...]: Experten, gut ausgebildet, betreiben häufig Planung so, daß sie vielfach die Dinge nur für sich betrachten, wie sie da stehen: Straßen, Häuser, Wälder, Gewerbegebiet, Arbeitslosenzahl, Bevölkerungsmigration, Grünflächen, Pendler, Verkehrsaufkommen usw. Und so behandeln sie sie auch. Doch in Wirklichkeit erfahren sie dadurch nicht das Mindeste über ihre Funktion, über ihre eigentliche Rolle im System. Sie ergibt sich nicht aus den Komponenten selbst, sondern aus ihren Wechselwirkungen und Regelkreisen, die allein etwas darüber aussagen, ob dieser Lebensraum stabil ist, ob seine Abhängigkeiten sich vergrößern, welche Komponenten kritisch sind und wo er aus dem Gleichgewicht gerät.“

Der von mir angestrebte „ökologische Umbau der Stadt“ ohne resignative Vorzeichen, sondern als positive Entwicklung, das Erreichen urbaner und kultureller Vielfalt durch Förderung von allen möglichen Initiativen, ohne daß die sog. ‘Hochkultur’ eingeengt würde, sowie die Bereitschaft zur Gestaltung der Stadt, ohne sie zum Museum zu machen, braucht ganz neue Denkansätze.

Ich bitte alle Bürgerinnen und Bürger, an einer solchen Stadtentwicklung für Heidelberg mitzuarbeiten. [...]

Zitiert nach dem Redemanuskript. Ausschnitte.

Anregung

Machen Sie konkrete Vorschläge zur Entwicklung der Stadt, in der Sie leben. Bedenken Sie hierbei, daß „vernetztes Denken“ eine wichtige Voraussetzung für konstruktive Vorschläge ist.

Anregungen zur systematischen Analyse einer Rede

A Inhalt
1. Thema der Rede
2. Zentrale These(n)
3. Die wichtigsten Argumente (und Gegenargumente)
   Wird dialektisch argumentiert?
4. Schlüsselbegriffe, Schlagwörter, Kurzformeln
5. Entspricht die Argumentation der Wahrheit, der Logik?

B Der Redner
1. Welche Absicht verfolgt der Redner mit seiner Rede?
2. In welcher Funktion und vor welchem ideologischen Hintergrund argumentiert er?
3. Welche Sprechakte (z. B. kritisieren, rechtfertigen) vollzieht er?
4. Was offenbart er – bewußt oder unbewußt – über sich?
5. Wirkt er – auch in seinem Auftreten – glaubwürdig?

C Zuhörer und Gegner
1. Wer sind die Zuhörer? Bilden sie eine homogene Gruppe?
   Sind sie Anhänger oder Gegner des Redners oder indifferent?
2. Welchen ideologischen Hintergrund haben sie vermutlich?
3. Welche Beziehung besteht/wird hergestellt zu den Zuhörern?
   Werden sie direkt angesprochen?
4. Wird psychologisch geschickt argumentiert? Wird manipuliert? Wie wird der (an- oder abwesende) Gegner behandelt?
5. Wie reagieren Zuhörer bzw. Gegner auf die Rede? Wie könnten/sollten sie reagieren?

D Kontext der Rede
1. In welcher Situation (Institution, Ort, Zeitpunkt, politische Lage) wird die Rede gehalten? Was ist vorausgegangen, was folgt der Rede?
2. Ist die Rede spontan oder vorbereitet? Gehen ihr auch organisatorische Vorbereitungen voraus?
3. Ist sie Teil einer Debatte? Bezieht sie sich auf andere Reden? Besteht die Möglichkeit einer Gegenrede?
4. Inwiefern ist die Rede kontrovers? Welche Gegenpositionen zeichnen sich ab?
5. Wie relevant ist die Rede? Wird der Meinungsbildungsprozeß beeinflußt?
   Hat sie Auswirkungen auf die politische Lage?

E Sprachliche und rhetorische Analyse
1. Welchem Redetyp gehört die Rede an: Gerichts-, Kanzel- oder Parlamentsrede, Wahlrede, Sachvortrag oder Festrede, Rede aus dem Volk oder an das Volk, große öffentliche (evtl. durch Medien verbreitete) Rede oder Rede vor ausgesuchter Zuhörerschaft?
2. Welches Element überwiegt: das belehrende (docere), das aufrüttelnde (movere) oder das schmückende (delectare)?
3. Welche sprachlichen Merkmale hat die Rede?
4. Werden rhetorische Figuren gezielt benutzt? Mit welcher Wirkung?
5. Wie ist die Rede gegliedert? Endet sie mit einem gezielten Schlußsatz?

9 Das Verhalten in schwierigen Redesituationen

Redeangst, Zwischenrufe und faule Tricks bewältigen

Beginnen wir dieses Kapitel mit einem kleinen Test. Bei den zehn Gegensatzpaaren, die sich zum Teil ergänzen, meist aber widersprechen, geht es um das richtige Verhalten in schwierigen Situationen. Welcher Empfehlung würden Sie jeweils eher folgen? Der in der linken Spalte? Dann kreuzen Sie A an. Der in der rechten Spalte? Dann C ankreuzen. Wenn Sie sich nicht entscheiden können, weil Sie beide Ratschläge gleichermaßen für richtig oder falsch halten, dann machen Sie Ihr Kreuz bei B.

	A	B	C	
Halte dich zurück. Überprüfe sorgfältig, ob dein Anliegen berechtigt ist.	☐	☐	☐	Bringe dich ein, sobald du deine Position in der Diskussion vermißt.
Sprich nur kurz zur Sache. Konzentiere dich auf das Wesentliche.	☐	☐	☐	Würze deinen Beitrag mit Humor, Schlagfertigkeit oder persönlichen Bemerkungen.
Nimm auch mal eine Niederlage hin. Gib Fehler und Irrtümer zu.	☐	☐	☐	Beharre fest auf deinem Standpunkt. Laß keinen Zweifel an deiner Sache aufkommen.
Versuche, deine Unsicherheit vor den anderen zu verbergen.	☐	☐	☐	Entschuldige dich für deine Unsicherheit, deine Redeangst, dein Lampenfieber.
Melde dich nur zu Wort, wenn du kein Lampenfieber verpürst.	☐	☐	☐	Nutze dein Lampenfieber: Es gibt dir die nötige Spannung für deine Rede.
Zeige keine persönlichen Reaktionen. Bleibe immer ruhig und gelassen.	☐	☐	☐	Zeige auch deine Gefühle: deine Betroffenheit wie deine Leidenschaft.
Sprich nicht, wenn mit Widerspruch oder Zwischenrufen zu rechnen ist.	☐	☐	☐	Sprich, um Widerspruch und Zwischenrufe zu provozieren.
Ignoriere Zwischenrufe oder verbitte sie dir.	☐	☐	☐	Greife Zwischenrufe auf, und nutze sie für deine Argumentation.

Versuche zu überzeugen. Lehne faule Tricks grundsätzlich ab.	☐ ☐ ☐	Verwende faule Tricks, wenn du damit eine Niederlage abwenden kannst.
Beteilige dich nicht an Debatten, die polemisch oder unfair geführt werden.	☐ ☐ ☐	Reagiere auf Polemiken, weise faule Tricks sofort zurück.

Anregungen
- Zählen Sie die Kreuze: Tendieren Sie eindeutig zu einer Seite, oder verteilt sich Ihre Zustimmung gleichmäßig auf beide Spalten?
- Wie würden Sie einen Rednertyp einschätzen, der vorwiegend den Ratschlägen der linken Spalte folgt? Wie schätzen Sie den C-Typ ein?
- Diskutieren Sie die Gegensatzpaare, die innerhalb Ihrer Gruppe besonders kontrovers beurteilt werden.
- Beurteilen Sie für sich persönlich: Welchen Rückschluß läßt Ihr Testergebnis auf Sie persönlich zu? Sind Sie eher zurückhaltend oder diskussionsfreudig? Lassen Sie sich als Redner leicht entmutigen, oder sind sie ein 'Kämpfer'?

Die Bewältigung von Redeangst

Wenn Redeangst für Sie kein Problem ist, so überblättern Sie dieses Unterkapitel. Wenn Sie aber mit Unsicherheit, Aufregung ('Lampenfieber') und Angstgefühlen beim Reden kämpfen müssen, dann lesen Sie die beiden folgenden Texte.
In seiner – inzwischen mehr als zweitausend Jahre alten – Abhandlung ‚Über den Redner' läßt Cicero den jungen Crassus, einen der bedeutendsten Redner und Politiker seiner Epoche, über seine unterschiedlichen Erfahrungen mit der Redeangst sprechen:

„Und wenn ihr mich fragt, will ich meine Meinung, die ich bisher immer verschwiegen habe [...], im engsten Freundeskreis frei heraus verkünden. In meinen Augen wirken auch die, die am besten reden und es am leichtesten und wirkungsvollsten können, trotzdem, wenn sie nicht scheu das Wort ergreifen und am Beginn der Rede Zeichen von Verwirrung zeigen, beinahe unverschämt; doch das kann eigentlich gar nicht passieren. Je besser nämlich einer spricht, um so mehr fürchtet er die Schwierigkeit des Sprechens, die mannigfachen Wirkungen der Rede und die Erwartung seines Publikums. [...] Wer sich jedoch nicht schämt [...], verdient in meinen Augen nicht nur Tadel, sondern sogar Strafe.
Was mich betrifft, so stelle ich gewöhnlich bei euch fest und mache auch an mir selbst sehr oft die Erfahrung, daß ich bei den ersten Worten einer Rede vor Angst erbleiche und von ganzem Herzen und an allen Gliedern bebe. Als ein ganz junger Mann geriet ich am Beginn einer Anklagerede sogar derartig aus der Fassung, daß ich es Q. Maximus als rettende Wohltat zu danken hatte, daß er auf der Stelle die Sitzung aufhob, als er mich vor Angst am Ende meiner Kräfte sah."

Hier fingen alle an, ihre Zustimmung gegenseitig und mit Worten zu bekunden. Denn Crassus zeigte eine ganz erstaunliche Befangenheit, die seiner Rede trotzdem nicht nur nicht abträglich war, sondern noch nützte, da sie seine Redlichkeit empfahl.
Cicero: Über den Redner.

Zweitausend Jahre später beschäftigt sich der Psychotherapeut und Kommunikationswissenschaftler Paul Watzlawick aus ganz anderer Perspektive mit dem Problem der Redeangst:

„Ein gutes Beispiel ist die Angst vor öffentlichem Sprechen. Was der Betreffende am meisten fürchtet, ist, daß er seine Nervosität nicht werde meistern können und sie ihn schließlich vor seinen Zuhörern überwältigen wird. Seine Lösungsversuche laufen daher vor allem auf Selbstbeherrschung und auf Verheimlichung [...] hinaus: Er versucht, sich 'zusammenzunehmen' und das Zittern seiner Hände zu verbergen, mit klarer fester Stimme zu sprechen, entspannt zu erscheinen usw. Je nervöser er wird, desto mehr nimmt er sich zusammen, und je mehr er sich zusammennimmt, desto nervöser wird er. Obwohl 'es' noch nie passiert ist, 'weiß' er, daß es das nächste Mal passieren wird, und er kann sich die bevorstehende Blamage in allen Einzelheiten vorstellen. [...] Es wird dem Betroffenen zur Auflage gemacht, seine Ansprache mit der Bemerkung einzuleiten, daß er äußerst nervös sei und sein Lampenfieber ihn wahrscheinlich überwältigen werde. Diese Verhaltensverschreibung kommt einer völligen Veränderung seiner bisherigen Lösungsversuche gleich. Statt sein Symptom zu verheimlichen, macht er es publik. [...]
Paul Watzlawick, John H. Weakland, Richard Fisch: Lösungen. Zur Theorie und Praxis menschlichen Wandels. Hans Huber, Bern Stuttgart Toronto [4]1988, S. 151.

Anregungen
- Aus welchen Gründen sind selbst gute Redner unsicher und aufgeregt? Warum ist es gar nicht so schlimm, wenn das Publikum dies bemerkt?
- Durch welche Lösungsversuche wird Redeangst verschlimmert, durch welche Verhaltensweise läßt sich Redeangst bewältigen?
- Tauschen Sie Ihre Erfahrungen aus: An welchen körperlichen Symptomen erkennen Sie bei sich und bei anderen Redeangst? Durch welche Vorstellungen (inneren Selbstgespräche) wird Redeangst bei Ihnen ausgelöst? Wie wollen Sie Redeangst in Zukunft bewältigen?

Die Reaktion auf Zwischenrufe und -fragen

Selbst bei optimaler Vorbereitung haben Redner mitunter Angst vor unerwarteten Einwürfen aus dem Publikum. Denn auf alles andere können sie sich vorbereiten – auf Zwischenrufe oder -fragen meist nicht. Verstärkt wird diese Angst, wenn man mit dem Anspruch das Wort ergreift, man müsse auf Einwürfe unbedingt immer schlagfertig reagieren. Dies wäre zwar von Vorteil, aber wer kann schon darauf vertrauen, in jeder Situation und zu jedem Zwischenruf eine schlagfertige Antwort parat zu haben? Da sich Schlagfertigkeit weder erzwingen noch 'antrainieren' läßt, sollte man sich mit sinnvollen Alternativen vertraut machen, die man variieren und der jeweiligen Situation anpassen kann.

● Eine Zwischenfrage zur Sache sollten Sie zulassen und in aller Kürze beantworten, wenn die Beantwortung Sie nicht aus dem Konzept wirft. Wenn Sie sich bei Ihrem Gedankengang aber nicht stören lassen wollen, dann verschieben Sie die Antwort auf später:
 - Mit Ihrer Frage haben Sie einen wichtigen Punkt angesprochen. Bitte kommen Sie in der anschließenden Diskussion nochmals darauf zurück.
 - Ich danke für Ihre Frage. Ich komme im Verlauf meines Vortrags noch darauf zu sprechen.

 Das sollten Sie dann allerdings auch wirklich tun.

● Trotz gründlicher Vorbereitung kann es vorkommen, daß Sie eine Frage einmal nicht beantworten können. Dann antworten sie ehrlich und selbstbewußt:
 - Mit dieser Frage habe ich mich bisher noch nicht beschäftigt. (Ich habe mich stattdessen vorbereitet auf .../Mein Thema habe ich eingegrenzt auf ...)
 - Diese Frage kann ich aus dem Stand leider nicht beantworten. Haben Sie bitte Verständnis, daß ich mich erst sachkundig machen möchte, bevor ich mich dazu äußere.

 Auf keinen Fall sollten Sie Ihr Nichtwissen zu kaschieren versuchen.

● Auf einen Zwischenruf zur Sache sollten Sie ebenfalls konstruktiv reagieren:
 - Danke für diesen interessanten Hinweis. Er zeigt ganz deutlich, daß ...
 - Mit diesem Einwand habe ich schon gerechnet. Dabei ist jedoch zu bedenken ...
 - In dieser Frage sind wir offensichtlich unterschiedlicher Meinung. Ich bin schon gespannt auf die Diskussion.

 Nutzen Sie also den Zwischenruf als eine Chance zum Dialog.

● Selbst bei Zwischenrufen, die die Heiterkeit der anderen Zuhörer erwecken, können Sie gelassen reagieren und entweder mitlachen oder aber entgegnen:
 - Danke für Ihre humorvolle Bemerkung. Besser hätte man das Problem nicht auf den Punkt bringen können.
 - Das war gut formuliert. In der Sache haben Sie mich aber leider nicht überzeugt.
 - Schade nur, daß sich das Problem mit einer witzigen Bemerkung nicht lösen läßt.

● Bei Unterbrechungen könnten Sie auch an Ihr Rederecht erinnern und den Zwischenrufer als unhöflich oder ungeduldig hinstellen:
 - Wenn ich mich recht erinnere, so habe ich Sie bei Ihrer Rede auch nicht unterbrochen.
 - Wenn Sie mich jetzt ausreden lassen, können Sie nachher schneller das Wort ergreifen.

- Besser ist es aber, humorvoll oder originell zu antworten:
  - Hätte ich Unrecht, Herr / Frau ..., so könnten Sie gelassener reagieren.
  - Ich sehe, Sie sind offenbar anderer Meinung. Aber deshalb brauchen Sie doch nicht so laut zu rufen.
  - Argumente, Herr Kollege, kommen aus dem Kopf, nicht aus dem Kehlkopf (D. Spöri).
  - Ich hätte mir an Ihrer Stelle meine Rede auch ungern angehört, und deshalb habe ich sie gehalten (v. Guttenberg).
  - Wenn nicht die Präsidentin hinter mir säße, würde ich Sie einen Lümmel nennen, Herr Kollege (W. Brandt).

  Selbst bei harten Auseinandersetzungen hat dies entspannende Wirkung.

- Leider dienen Zwischenrufe und -fragen nicht immer dem Dialog zwischen Redner und Zuhörer. Sie können auch darauf abzielen, zu verunsichern, lächerlich zu machen oder zu verletzen. Manche Zwischenrufer wollen bewußt polemisieren oder stören oder sich einfach nur selbst darstellen. In diesen Fällen müssen sie entschieden reagieren:
  - Bitte, lassen Sie mich ausreden.
  - Nein, Ihre Zwischenfrage lasse ich nicht zu.
  - Auch wenn es Ihnen offensichtlich schwerfällt: Sie sollten erst einmal geduldig zuhören und ein wenig nachdenken, dann erledigt sich Ihr Zwischenruf von selbst.
  - Ich möchte bei der Sache bleiben. Daher erspare ich mir eine Bemerkung über Ihre Polemik.
  - Ihre Zwischenrufe stören nur. Sie sind weder geistreich noch sachlich gerechtfertigt. (Es wäre besser, sie unterblieben - in Ihrem eigenen Interesse.)

- Manchmal sind Zwischenrufe auch so unangemessen, daß man sie getrost ignorieren kann, in der Gewißheit, daß das Publikum diese ebenso einschätzt und sich mit Ihnen solidarisiert. (Dabei darf allerdings nicht der Eindruck entstehen, Sie kniffen vor dem Zwischenrufer.)

Die Angst vor Zwischenrufen und -fragen läßt sich also erheblich verringern, wenn man sich mit geeigneten Kontertechniken vertraut macht. Wichtig ist nur, daß man selbstbewußt reagiert und das eigene Redeziel nicht aus dem Sinn verliert.
Umgekehrt können Sie Zwischenrufe und -fragen auch positiv bewerten: Ihr Redebeitrag wird offensichtlich mit Interesse verfolgt. In großen Debatten sind Einwürfe Ausdruck einer mit Leidenschaft geführten, lebhaften Auseinandersetzung. Manchmal werden Zwischenrufe sogar bewußt provoziert, um der Rede Spannung zu verleihen und um 'schlagfertig' reagieren zu können.

Faule Tricks

Unter faulen Tricks versteht man unredliche Argumentationsweisen, die nicht der Argumentation in der Sache dienen, sondern lediglich taktische Funktion haben. Wer sich fauler Tricks bedient, will seinen Gegner nicht überzeugen, vielmehr setzt er etwa die folgenden Techniken bewußt ein zur Täuschung seiner Zuhörer:

- Ungenaue, scheinlogische oder falsche Behauptungen
  - Verfälschungen, übertriebene Auf- und Abwertungen
  - Scheingegensätze
  - Präsuppositionen (stillschweigende Voraussetzungen; z. B.: „Warum können Sie Ihren Fehler denn nicht zugeben?" Diese rethorische Frage stellt, solange der „Fehler" nicht erwiesen ist, eine Präsupposition dar.)

- Diskriminierungstechniken
  - Absprechen von Kompetenz, Glaubwürdigkeit oder Betroffenheit
  - persönliche Unterstellungen

- Hinhalte- und Beschwichtigungstechniken
  - Gegensätze verschleiern
  - der Konfrontation ausweichen, ablenken
  - falsche Gemeinsamkeiten herstellen (Schmeicheln und Dank)
  - falsche Versprechungen, Vertröstungen
  - auf Sachzwänge und menschliche Unzulänglichkeiten ausweichen.

- Fangfragen (Suggestiv- oder Verblüffungsfragen) und Effekthascherei

- Versteckte oder offene Drohungen und Einschüchterungen

Bei faulen Tricks ist es wichtig, daß man nicht nur ihre Wirkung fühlt, sondern daß man sie auch erkennen und auf einen Begriff bringen kann. Nur so kann man sie entlarven und sich dagegen wehren. Die Empfehlung lautet also: Diskutieren Sie nicht in der Sache weiter, sondern weisen Sie öffentlich auf den faulen Trick hin, vor allem auf denjenigen, der ihn anwendet. Ihre Entgegnung können Sie folgendermaßen strukturieren:

- Ihre Bemerkung kann ich so nicht stehenlassen.
- Sie haben soeben gesagt ...
- Das ist ... (Benennung)
- Bitte unterlassen Sie in Zukunft solche faulen Tricks.

Untersuchen Sie nun die folgenden Äußerungen, die im Verlauf einer hitzigen Debatte zum Thema ‚Abschaffung der Schulnoten' gemacht werden. Was ist daran nach Ihrer Einschätzung unfair? Was sollte man darauf erwidern?

Kontra 1: Als jungem Menschen steht es Ihnen doch gar nicht zu, über ein Problem zu befinden, das sich erst bei einiger Lebens- und Berufserfahrung richtig erfassen läßt.

Pro 1: Sollen wir weiterhin mehr als tausend Schülerselbstmorde Jahr für Jahr hinnehmen, oder wollen wir endlich das grausame Notensystem abschaffen?

Kontra 2: Ich danke Ihnen für Ihre kritischen Bemerkungen. Sie zeigen doch ein überaus erfreuliches Engagement für die Schule. Und was Ihre Forderungen angeht, so bin ich zuversichtlich, daß sich im Laufe der nächsten Jahre noch einige Verbesserungen ergeben. Allerdings sollte man in dieser wichtigen Frage besonnen vorgehen und nichts überstürzen, zumal ja auch noch nicht für alle Teilbereiche gesicherte Fakten und Zahlen vorliegen.

Pro 2: Ich kann wirklich nicht verstehen, warum hier immer von Noten, Fakten und Zahlen gesprochen wird. Schließlich geht es doch um Menschen, um menschliche Schicksale, und nicht um Zahlen.

Kontra 3: Es ist ja klar, daß sich Schulversager und Drückeberger nur ungern mit besseren Schülern messen lassen wollen. Weshalb aber Sie unser Notensystem abschaffen wollen, das wird mir ein Rätsel bleiben. Das sollten Sie sich selbst einmal fragen. Oder sind Sie etwa doch neidisch auf Schüler mit besseren Noten?

Pro 3: Sie sind auch so ein richtiger Leistungsneurotiker. Leistung ist Ihnen wichtiger als alles andere. Menschliches Denken ist Ihnen vollkommen fremd.

Kontra 4: Wir wollen doch alle nur das Beste. Deshalb dürfen wir hier keine falschen Fronten aufbauen oder uns gar zerstreiten. Schließlich sitzen wir doch alle in einem Boot, und wir ziehen alle an einem Strang. Unser gemeinsames Ziel, das sind doch die besten Zukunftschancen für die jungen Menschen.

Pro 4: Warum können Sie eigentlich nicht zugeben, daß Sie sich auch mal irren. Irren ist schließlich menschlich. Es wäre schön, wenn Sie sich auch einmal von der menschlichen Seite zeigen könnten.

Diskussionsleitung, Zwischenrufe und faule Tricks im Rollenspiel

Selbstverständlich will das richtige Verhalten in schwierigen Redesituationen auch ausprobiert und eingeübt werden. Hierzu bietet sich eine fiktive Pro-Kontra-Debatte unter erschwerten Bedingungen an. Einigen Sie sich hierzu zunächst auf ein innerhalb Ihrer Gruppe kontroverses Thema oder auf einen der folgenden Vorschläge:

- Verbot von Tierversuchen,
- konsequentes Tempolimit auf allen Straßen (z. B. auf Autobahnen 130, auf Bundesstraßen 80, in Wohngebieten 30 km/Std.),
- hohe Haftstrafen bei Gewaltakten gegen Schwächere,
- Quotenregelungen für Frauen in Wirtschaft und Politik,
- bei Krankheit drei Tage keine Lohnfortzahlung.

Bestimmen Sie dann die folgenden Rollen:
- den Diskussionsleiter (vgl. Kapitel 7),
- sechs Redner für Pro, sechs für Kontra; in jeder der beiden Parteien spezialisieren sich – ohne daß es die andere Partei oder die Zuhörer wissen – zwei Redner auf die Verwendung fauler Tricks,
- eine Gruppe neutraler Zuhörer, die zunächst vor, dann nochmals nach der Debatte über das diskutierte Problem abstimmt,
- vier Zuhörer, die durch jeweils maximal drei Zwischenrufe die Diskussion bewußt stören wollen.

Dabei gelten die folgenden Spielregeln: Auf Zwischenrufe muß der jeweilige Redner reagieren, Zwischenfragen muß zunächst der Diskussionsleiter, dann der Redner selbst zulassen (oder ablehnen); unfaire Tricks werden entweder vom Redner selbst zurückgewiesen oder aber vom Diskussionsleiter getadelt. Bei dreimaligem Tadel wird der entsprechende Teilnehmer von der weiteren Diskussion ausgeschlossen. Jede Gruppe verfolgt ihr Ziel: Der Diskussionsleiter führt zielstrebig zu einer Abstimmung hin und wacht über einen fairen und reibungslosen Diskussionsverlauf; Zwischenrufer und unfaire Redner wollen emotionalisieren, die Gegner provozieren oder den geregelten Diskussionsverlauf stören. Die beiden Parteien wollen selbstverständlich ihrer Meinung Geltung verschaffen und bei der Schlußabstimmung ihren Stimmenanteil verbessern. Und nicht vergessen: es ist ein Rollenspiel, bei dem Sie üben, mit Zwischenrufen selbstbewußt umzugehen, faule Tricks zu entlarven und dadurch sicherer zu werden in schwierigen Redesituationen.

10 Die politisch-moralische Verantwortung eines Redners

Abschließende Stellungnahme: Rhetorik in Schule und Gesellschaft

Die gesellschaftliche Bedeutung der Rhetorik und die Wirksamkeit rhetorischer Fähigkeiten werden im allgemeinen nicht in Frage gestellt; umstritten ist dagegen – übrigens bereits seit der Antike – deren moralische Berechtigung. Wer seine rhetorischen Kenntnisse und Fähigkeiten verantwortungsvoll einsetzen will, kommt daher nicht umhin, sich gewissenhaft mit der Legitimität der Rhetorik auseinanderzusetzen.

Theoretische Positionen zur Diskussion

Walter Jens: [Die antike Definition der Rhetorik]

Die Rhetorik [...] ist nach antiker Definition die Kunst des guten Redens (und Schreibens) im Sinne einer von Moralität zeugenden, ästhetisch anspruchsvollen, situationsbezogenen und auf Wirkung bedachten Äußerung, die allgemeines Interesse beanspruchen kann. [...]

In: Reallexikon der deutschen Literaturgeschichte. Band III. De Gruyter, Berlin 1977, S. 432. Ausschnitte.

Hermann Schlüter: [Rechtfertigung fauler Tricks?]

[...] Quintilian, der letzte große Redetheoretiker der Antike, definierte den Redner als einen „guten Menschen, der in der Redekunst erfahren ist" (vir bonus dicendi experitus). Auch Quintilian meinte mit „gut" nicht nur, daß der Redner nach bestem Wissen und Gewissen um das Gemeinwohl besorgt sein muß. Um „gut" zu sein, muß ein Redner außerdem noch genügend staatsmännische Erfahrung und philosophische Weisheit besitzen, um das Rechte zu erkennen. [...]
Da „Mißbrauch" also ein durchaus relativer Begriff ist, [...] da wir nicht hoffen können, daß unsere Politiker das Ideal des „vir bonus" erfüllen, bleibt uns nur eins übrig: wir müssen ihnen auf die Finger schauen. Und wir müssen unseren eigenen Standpunkt mit gleicher Kraft verteidigen. Das können wir nur, wenn wir die stilistischen und argumentatorischen Techniken beherrschen. Nur dann können wir auch, wenn jemand faule Tricks benützt, ihm nötigenfalls mit gleicher Münze heimzahlen. Es gibt Situationen, wo man den Gegner nur noch mit dessen eigenen Waffen schlagen kann. [...]

Hermann Schlüter: Grundkurs der Rhetorik. dtv 4149. München 1983, S. 12f. Ausschnitte.

Gert Ueding/Bernd Steinbrink: [Eingeständnis und Rechtfertigung]

[...] Sicher ist jedenfalls, daß die Redekunst nach ihrer rein technisch-wissenschaftlichen Seite hin keine Gewähr gegen ihren Mißbrauch bietet – sie teilt damit freilich das Schicksal aller anderen Disziplinen, keine Natur- und keine Geisteswissenschaft, die davon ausgenommen ist. [...]

Gert Ueding/Bernd Steinbrink: [Dialektik der Wahrheitsfindung und Gebot der Toleranz]

[...] Die Wahrheit ist rhetorischer Überzeugung nach immer die einer Sache in ihrer bestimmten historischen Gestalt, und es gilt, das Publikum, die Zuhörer, den Richter oder die Volksversammlung davon zu überzeugen, daß die Weise, in welcher der Redner durch seine Rede die Wahrheit zur Erscheinung bringt, auch diejenige ist, die auf der Tagesordnung der Geschichte steht. Die eigentümliche Toleranz der Rhetorik [...] hat hier ihre Wurzel. Geht man einmal davon aus, [...] daß Recht und Unrecht historisch variable Größen sind, die je neu zur Erscheinung und in der jeweiligen Zeit und ihrer Gesellschaft zur Darstellung gebracht werden müssen, so bedeutet jeder antagonistische Streit nicht ein Scheingefecht um eine von vornherein schon feststehende, wenn auch verdeckte Wahrheit, sondern ist der Prozeß, in dem Wahrheit sich in ihrer angemessenen Gestalt [...] erst bildet. Aus der Unsicherheit ante diem folgt die Notwendigkeit der Toleranz auch der Redner untereinander. Denn sie sind sowohl Teil wie Ausdruck eines Prozesses, der mit ihnen entschieden wird, und so wenig der „Sieger“ die ganze Wahrheit für sich reklamieren kann, so wenig fällt dem „Verlierer“ die Last der ganzen Unwahrheit zu. Überspitzt läßt sich sagen: Erst der Unterlegene ja hat der Wahrheit zu ihrem Durchbruch verholfen, er selber hat sie herauszuwickeln mitgeholfen.

Gert Ueding/Bernd Steinbrink: Grundriß der Rhetorik. Metzler, Stuttgart 1986, S. 1 und 5. Ausschnitte.

Gert Ueding/Bernd Steinbrink: [Abgrenzung und Pragmatismus]

„Sie werden in leitender Position nur überzeugen, wenn Ihre Mitarbeiter Sie als Menschen akzeptieren. Wie aber können Sie das, wenn Sie sich nicht menschlich geben? Bemühen Sie sich also, menschlich zu wirken. Das können Sie aber nur, wenn Sie auch (kontrolliert) zeigen, was und wie Sie fühlen.“

Das Rednerbild, das dieser Anweisung zugrunde liegt, differiert charakteristisch von dem der Antike. Galt [...] in der gesamten rhetorischen Tradition ein Vir-bonus-Ideal, das vom Redner Sittlichkeit, Moralität, Rechtschaffenheit und Tugend als Eigenschaft forderte, war also der gute, sittlich handelnde Mensch die Voraussetzung für die gute, überzeugende Rede, so wird die dort geforderte Menschlichkeit hier instrumentalisiert, sie wird, um des Erfolgs willen, vorgespielt.

Diese Reduktion der rhetorischen Bildungsinhalte und ethischen Forderungen ist charakteristisch für die Rhetorikkonzeption, die den populären Rhetoriken zugrunde liegt. [...] so fehlt bei dem Erfolgsredner und Managerbild der Populärrhetoriken ein Bildungszusammenhang vollständig, der sich auf die ganze Person des Redners bezieht. Rednerische Selbstsicherheit und mehr Selbstbewußtsein stehen nicht am Ende eines Prozesses der Persönlichkeitsbildung, nein, sie sind aufgesetzt, sie werden „trainiert“ [...].

Gert Ueding/Bernd Steinbrink: Grundriß der Rhetorik, s. o., S. 184f. Ausschnitte.

Anregungen

- Unter welchen Voraussetzungen ist die Anwendung rhetorischer Fähigkeiten legitim?

- Wo läßt sich die Grenze zwischen Überzeugung und Überredung, zwischen legitimer Interessenvertretung und Manipulation ziehen? Gibt es einen Mittelweg zwischen dem antiken Vir-bonus-Ideal (s. o. Jens und Schlüter) und einer nur erfolgsorientierten Rhetorik?
- Stellen Sie – zu zweit oder in Gruppen – moralische Grundsätze auf, die nach Ihrer Überzeugung bei öffentlichen Reden berücksichtigt werden sollten. Erarbeiten Sie ein Thesenpapier, und stellen Sie Ihr Ergebnis dem Plenum vor.

Theoretischer Anspruch und politische Praxis

Die Rhetorik mancher Politiker wird nicht nur von Sprachwissenschaftlern, sondern auch von vielen Bürgern negativ beurteilt: Kritisiert werden zum einen die Sonntagsreden mit gestanzten Worthülsen, das 'Um-den-heißen-Brei-herum-Reden', sogar die 'Sprachlosigkeit' der Politiker; zum Vertrauensverlust tragen Wählertäuschung, Verdrehung, Lüge und selbst Eidbruch bei; ärgerlich sind auch manipulative Sprachregelungen und die Verkürzung politischer Inhalte auf Wahlkampfslogans. Ganz zu schweigen von monoton vorgetragenen und unverständlichen Reden.
Ob es sich hierbei um Klischees oder um eine realistische Einschätzung handelt, kann nur die genaue Analyse des Einzelfalls ergeben. Daß sich auch führende Politiker dieser Problematik bewußt sind, zeigt die folgende Positionsbestimmung.

Bundestagspräsidentin Rita Süssmuth 7.9.1989: [Rhetorik in der parlamentarischen Auseinandersetzung]

[...] Von den Menschen, die wir vertreten, werden wir zuallererst nach dem Bild beurteilt, das sie sich von der Arbeit des Plenums machen. Das gilt auch für den parlamentarischen Umgang miteinander. Heftiger *Streit im Parlament* ist um der Sache willen unverzichtbar. Es muß ein Streit in der Sache bleiben, ohne Verletzung der Person. Streit gehört zur parlamentarischen Debatte, gibt ihr Profil. Nichts schadet der Demokratie mehr als Profillosigkeit. Ist von unserem persönlichen Profil als Abgeordnete die Rede, so ist gemeint, daß erkennbar werden muß, wofür jeder von uns steht und für welche Überzeugungen er eintritt. Diese Anforderungen an uns selbst stehen nicht im Widerspruch zu der oft zitierten Normalität und den Zwängen der parlamentarischen Alltagsarbeit.
Die Mittel unserer politischen Auseinandersetzung bestehen aus Wort und Sprache. Wir lehnen mit unserer tiefsten Überzeugung ab, uns selbst in Situationen ohnmächtiger Zerstrittenheit der Gewalt als Lösungsmittel zu bedienen. [...]
Da wir uns also der Sprache und Argumentation so grundsätzlich anvertrauen, entsteht dem Parlament hieraus auch eine ungewöhnliche Verantwortung. Das Parlament – „parlare" heißt reden; insofern sind Parlamente „Redehäuser" – ist der Ort der *politischen Rede*. Es ist der Ort, an dem sich Politik auf öffentliches Sprechen konzentriert und zum politischen Handeln führt. Was und wie hier gesprochen wird, hat weit mehr Bedeutung, als es dem einzelnen Argument, der einzelnen sprachlichen Wendung für den Tageszweck anzusehen ist.

Worte können trennen und verbinden, vergiften und heilen. Gewiß hat die politische Rede den Charakter des Streitgesprächs. Beide Elemente sind gleich wichtig: das Gespräch und der Streit. Das geht nur, wo keiner Macht über den anderen hat, wo Gleichberechtigte miteinander reden.
Die *freie Rede* ist das ursprünglichste Recht des freien Menschen. Aus ihr resultiert die besondere Pflege der politischen Sprache. [...]
Nicht durch die Macht unserer Person, sondern durch die Macht unserer Argumente überzeugen wir, haben wir zu überzeugen.
Zur *Glaubwürdigkeit der parlamentarischen Arbeit* gehört unbedingt, daß wir Abgeordnete den Mut aufbringen, unsere Unvollkommenheit einzugestehen, daß wir aufhören, so zu tun, als hätten wir auf jede Frage, auf jedes Problem nicht nur die Antwort, sondern sogar die allein mögliche Lösung. Bringen wir diesen Tatbestand häufiger zur Sprache: Unser Handeln ist weder perfekt noch endgültig. [...]

Zitiert nach: 40 Jahre Bundesrat – 40 Jahre Bundestag. Rita Süssmuth und Björn Engholm gedenken am 7. September 1989 in Bonn der Konstituierung der beiden Verfassungsorgane. Sonderveröffentlichung Nr. 951 des ‚Reden-Beraters', hrsg. von Norman Rentrop. Fotokopie der Stenografischen Berichte des Bundestags. Ausschnitte.

Anregungen
- Vergleichen Sie die moralischen Grundsätze, die Sie aufgestellt haben, mit der Positionsbestimmung Rita Süssmuths. Gibt es Übereinstimmungen, Ergänzungen, Einschränkungen?
- Erläutern und erörtern Sie die These:
  „Worte können trennen und verbinden, vergiften und heilen."
- Hält der Anspruch Rita Süssmuths der politischen Realität stand? Untersuchen Sie anhand von Redetexten und Videoaufzeichnungen das Redeverhalten unserer Parlamentarier.

Abschließende Stellungnahme

Zum Abschluß dieses ‚Grundkurses Rhetorik' gilt es nun, sich einzelne Themenkomplexe mit den dazugehörigen praktischen Übungen nochmals zu vergegenwärtigen:
Machen Sie sich Gedanken zu den folgenden Frageschwerpunkten:
- Haben sich Ihre Erwartungen im Hinblick auf den Grundkurs Rhetorik erfüllt? Welche Inhalte und Übungen waren sinnvoll? Was haben Sie vermißt?
- Haben Sie bei sich oder bei Ihren Mitschülern Fortschritte im freien Sprechen oder in anderen Techniken feststellen können?
- Sollte die Schule grundsätzlich Grundlagen der Rhetorik vermitteln?
- Welcher Grundsatz scheint Ihnen im Hinblick auf öffentliches Sprechen besonders wichtig: im Alltag, im Beruf, in der Politik?
- In welcher Frage oder zu welchem Thema erscheint es Ihnen in der aktuellen Situation geboten, sich öffentlich zu Wort zu melden?

Geben Sie ein abschließendes Statement – nach allen Regeln der Redekunst!